NEAT를 OPEN하라!

OPEN NEAT

National English Ability Test

LISTENING
Level ①

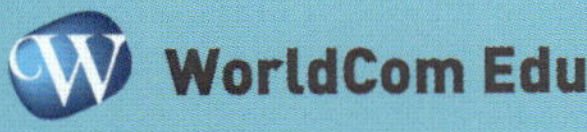

WorldCom Edu

이 책의 구성과 특징

유형 미리 보기

Part마다 문제 유형별로 예시 문제부터
문제 해결하기까지 제시합니다.

문제 보기 – 문제 풀이 – 문제 파고들기 –
문제 해결하기의 흐름을 따라 가다 보면
문제 유형 파악 끝!

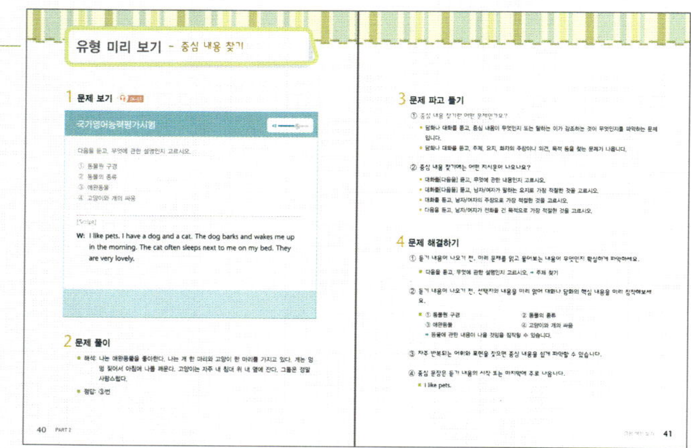

리스닝 해법 – 해법 전략 문제

리스닝 해법 문제를 푼 뒤, 다시 한 번
듣고 문제 해결에 필요한 전략을 배웁니다.

유형별로 무엇을 유념하여 들어야 할지
전략 분석 끝!

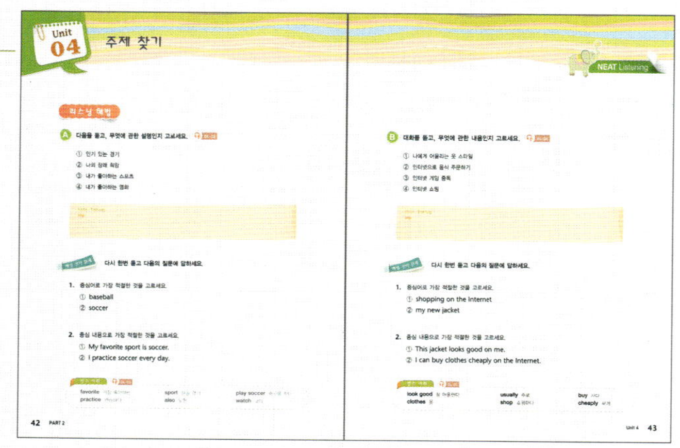

실전 유형 대비하기

이제는 4개의 문제를 통해
실전 유형에 대비합니다.
모든 문제에 지문은 물론 필수 어휘도
음성으로 제공됩니다.

많이 풀어 볼수록 실전 감각 상승!

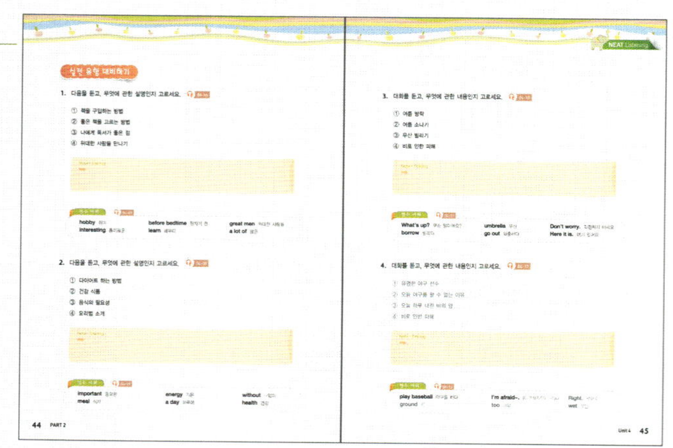

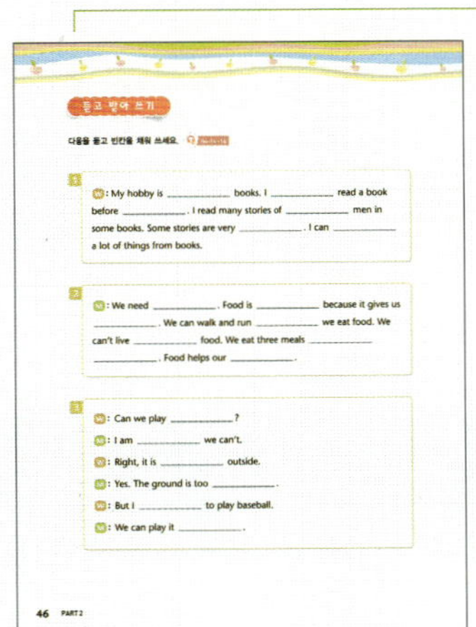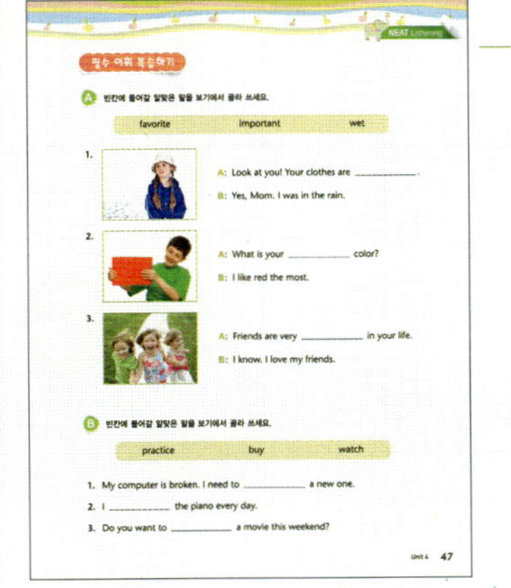

듣고 받아 쓰기

듣고 받아 쓰기로 탄탄한 기초 쌓기!

필수 어휘 복습하기

필수 어휘 복습으로 어휘 실력이 쑥쑥!

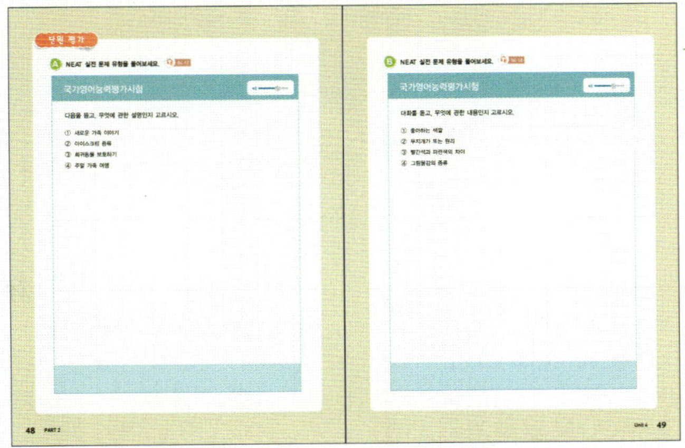

단원 평가

한 Unit이 끝날 때 마다 2개의 실전 유형 문제를 풀어봅니다.

실전 문제 유형에 익숙해지기 완료!

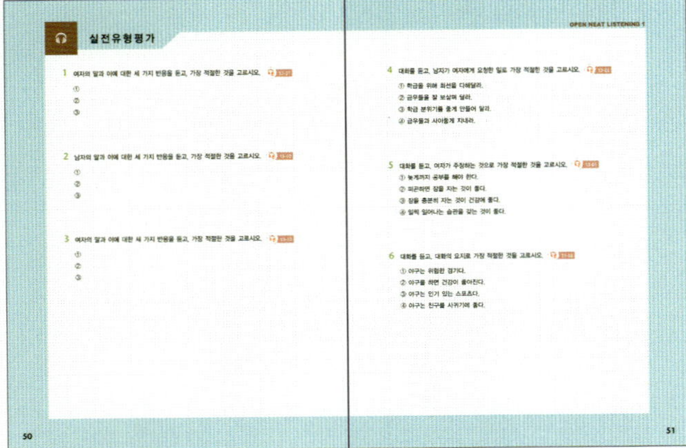

실전 유형 평가

12개의 Unit에서 배운 유형별 문제를 총망라한 12개의 문제를 풀어보며 나의 실전 유형 풀이 능력을 점검해봅니다.

NEAT LISTENING 실력 만들기와 실전 감각 훈련 완성!

OPEN NEAT Level ❶

LISTENING 🎧　차례

NEAT란?

I. NEAT(National English Ability Test)란 무엇인가요?

1. NEAT의 개요

- NEAT란 국가영어능력평가의 영자 표기로 언어의 4가지 기능인 듣기, 읽기, 말하기, 쓰기를 모두 평가하고 그 중에서도 특히 말하기와 쓰기를 직접 평가함으로써 학생들이 실질적인 영어 의사 소통 능력을 기를 수 있도록 교육하고 이를 평가하는 시험입니다.

2. NEAT의 시험 방식

영역	시험 방식
듣기	헤드셋을 통해 듣고 읽으며 화면의 답안 선택
읽기	화면의 지문을 읽고 답안 선택
말하기	화면의 문제를 듣고 읽으며 헤드셋을 사용하여 직접 음성 답안 녹음
쓰기	화면의 문제를 보고 컴퓨터 키보드를 사용하여 직접 답안 입력

II. NEAT 3급과 2급의 차이가 무엇인가요?

3급	2급
주로 일상 소재를 다루며 공교육 성취 수준과 일상 생활에 필요한 실용 영어 사용 능력을 평가합니다.	기초 학술문을 포함한 일상 소재를 다루며 공교육 성취 수준과 대학에서 학업에 필요한 기본적인 영어 사용 능력을 평가합니다.

★ 3급

	문제 유형	비율(%)	문항 수	시험 시간
듣기	적절한 응답 찾기	15~20	32	40분
	주제, 제목, 요지, 목적, 의견 찾기	25~30		
	내용 일치 / 불일치, 요청 (요구, 부탁한 일), 이유, 화자가 할 일 찾기 등	35~40		
	그림 고르기, 그림 일치 / 불일치, 위치, 도표 정보 찾기 등	15~20		
읽기	주제, 제목, 요지, 목적, 주장 찾기	30~35	32	50분
	세부 정보 파악 (내용 일치 / 불일치 등)	30~35		
	빈칸 채우기	15~20		
	내용 또는 그림 순서 파악	10~15		
	어구의 함축적 의미 / 지칭 추론	5~10		
말하기	그림 보고 질문에 답하기		1 (3개)	15분
	연계 질문에 답하기		1 (4개)	
	그림 묘사하기		1	
	문제 해결하기		1	
쓰기	상황에 맞는 짧은 글쓰기		1	35분
	그림의 세부 묘사 완성하기		1	
	편지 쓰기		1	
	그림 묘사 및 추론하여 글쓰기		1	

* 시험 시간은 휴식 시간 등을 제외한 시간입니다.

★ 2급

문제 유형		비율(%)	문항 수	시험 시간
듣기	적절한 응답 찾기	10~15	32	40분
	주제, 제목, 요지, 목적, 의견 찾기	30~35		
	내용 일치 / 불일치, 요청 (요구, 부탁한 일), 이유, 화자가 할 일 찾기 등	35~40		
	위치, 도표 정보 찾기 등	15~20		
읽기	주제, 제목, 요지, 목적, 주장 찾기	30~35	32	50분
	세부 정보 파악 (내용 일치 / 불일치 등)	30~35		
	빈칸 채우기	15~20		
	문장 끼워 넣기	5~10		
	내용 순서 파악	5~10		
	어구의 함축적 의미 / 지칭 추론	5~10		
말하기	연계 질문에 답하기		1 (4개)	15분
	그림 묘사하기		1	
	발표하기		1	
	문제 해결하기		1	
쓰기	일상생활에 관한 글쓰기		1	35분
	자신의 의견 쓰기		1	

* 시험 시간은 휴식 시간 등을 제외한 시간입니다.

III. NEAT 이런 점이 궁금해요.

1. NEAT 공부 따로 준비해야 하나요?

🪀 시험이란 막연히 공부하는 것이 아닙니다.
정확하게 무엇이 나오는지, 어떻게 푸는 건지를 알고 철저히 대비를 해야
능력껏 제 실력을 발휘할 수 있답니다.

2. NEAT 공부 언제부터 시작해야 하나요?

🪀 NEAT는 기존 수능의 듣기, 읽기 시험과는 달리 직접적으로 말하기와 쓰기를
평가하므로 '중학생이 되면 해야지', '고등학생 때 하면 되겠지'라고 생각하면 늦습니다.
영어 학습을 경험하는 순간부터가 NEAT 공부의 시작점입니다.

3. 영어로 말하고 쓰기에 자신이 없는데 어떡해야 하나요?

🪀 많은 연습만이 해결방법인데요, 직접 내 목소리를 녹음해서 들어보고,
간단한 것이더라도 영작해보는 습관을 들여보세요. 어떤 표현을 배웠다면
자꾸 소리 내어 말해 보고 영작하다 보면 자신감과 함께 실력도 쌓인답니다.

4. 컴퓨터로 보는 시험이라는데 어떻게 준비해야 하나요?

🪀 NEAT는 일반 학교에 설치된 컴퓨터실에서 인터넷을 통해
중앙센터서버에 접속하여 치르는 시험입니다.
그렇기에 영어로 타자 치는 것부터 키보드, 마우스, 헤드셋 등을
이용한 실제 컴퓨터 환경에서
훈련을 해두는 것이 필요합니다.

OPEN NEAT

적절한 응답 찾기

차례

유형 미리 보기 - 적절한 응답 찾기

1 문제 보기 🎧 01-01

2 문제 풀이

- 문제 해석: 당신은 목마른가요?

  ① 좋아요.
  ② 네, 그래요.
  ③ 나는 교실 안에 있어요.

- 정답: ②번

3 문제 파고 들기

① 적절한 응답 찾기란 어떤 문제인가요?

- 간단한 질문이나 평서문을 듣고 이에 대한 응답으로 가장 적절한 답을 고르는 문제입니다.
- 한 문제당 주어진 시간은 10초이며 연속하여 3문제가 출제됩니다.

② 적절한 응답 찾기 문제에는 어떤 지시문이 나오나요?

- 남자/여자의 말과 이에 대한 세가지 반응을 듣고, 가장 적절한 것을 고르시오.
- 다음을 듣고, 남자/여자의 말에 대한 응답으로 가장 적절한 것을 고르시오.

4 문제 해결하기

① 문제를 잘 듣고 무엇에 대한 질문인지 핵심 단어를 파악하세요.

- **Are you thirsty?** 당신은 목마른가요?
- **What** are you **eating** now? 당신은 무엇을 먹고 있나요?

② Yes / No 대답을 하는 문제인지, 세부 사항을 대답하는 문제인지 먼저 파악하세요. 그에 따라 응답이 달라집니다.

- A: **Are** you hungry? 당신은 배고픈가요?
  B: **Yes,** I am. 네, 그래요.
- A: **What time** do you go to bed? 당신은 몇시에 자나요?
  B: I go to bed **at 10 o'clock**. 나는 10시에 잡니다.

③ 평서문이나 감탄문을 들려주는 경우, 말하는 이가 전하고자 하는 내용에 적절한 반응을 찾으세요.

- A: **Sorry,** but I can't. 미안해요, 하지만 안되겠어요.
  B: **That's ok**. 괜찮아요.
- A: **The weather is so beautiful!** 정말 아름다운 날씨네요.
  B: **Yes, it is.** 네, 맞아요.

④ 짧은 한마디를 듣고 적절한 응답을 골라야 하기 때문에 꼭 집중해서 들으세요.

Be동사로 시작하는 질문에 응답하기

중요 표현 익히기

● **Be동사로 시작하는 의문문에 대해 익혀봅시다.**

① Be동사는 '∼이다 / ∼이 아니다' 또는 '있다 / 없다'는 뜻을 가지고 있습니다.

② Be동사로 시작하는 의문문에는 Yes 또는 No로 답을 합니다.

③ Be동사는 주어에 따라 함께 변화합니다.

- **Is** *this book* new?
- **Are** *the chickens* healthy?

Question	Answer	
Is he/she tall?	**Yes**, he/she **is**.	**No**, he/she **isn't**.
Is it a dog?	**Yes**, it **is**.	**No**, it **isn't**.
Are you a student?	**Yes**, I **am**.	**No**, I'm **not**.
Are you students?	**Yes**, we **are**.	**No**, we **aren't**.
Are they clean?	**Yes**, they **are**.	**No**, they **aren't**.

  빈칸에 들어갈 알맞은 말을 보기에서 골라 쓰세요.

> am   am not   is   isn't   are   aren't

1. A: Are you a teacher?   B: Yes, I _______________.

2. A: Are these pencils expensive?   B: No, they _______________.

3. A: Is Jack young?   B: Yes, he _______________.

필수 어휘

tall 키가 큰	**student** 학생	**clean** 깨끗한
teacher 선생님	**expensive** 비싼	**young** 젊은, 어린

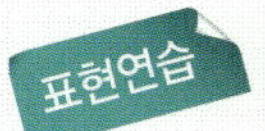 표현연습  **B** 다음 질문을 읽고 그에 알맞은 대답을 고르세요.

1. Are you in the office?

① Yes, it is.

② No, she isn't.

③ Yes, we are.

2. Is your book on the table?

① Yes, we are.

② Yes, it is.

③ No, he isn't.

3. Are the questions easy?

① Yes, they are.

② No, we aren't.

③ Yes, he is.

4. Is the flower beautiful?

① Yes, it is.

② No, they aren't.

③ Yes, I am.

필수 어휘

office 사무실	**table** 테이블	**question** 문제
easy 쉬운	**flower** 꽃	**beautiful** 아름다운

 **A** 다음 질문을 듣고 그에 알맞은 대답을 고르세요.  01-02

1. Is he your teacher?

①

②

③

2. Are you at the hospital?

①

②

③

3. Is this your cat?

①

②

③

4. Are the puppies on the sofa?

①

②

③

필수 어휘  01-03

doctor 의사	**hospital** 병원	**post office** 우체국
at school 학교에	**puppies** 강아지들	**sofa** 소파

B 다음 질문을 듣고 그에 알맞은 대답을 고르세요. 01-04

1. Is your father at home?

   ①

   ②

   ③

2. Are you good at English?

   ①

   ②

   ③

3. Are these computers new?

   ①

   ②

   ③

4. Is your mother busy now?

   ①

   ②

   ③

필수 어휘  01-05

at home 집에	**live** 살다	**be good at** ~을 잘하다
new 새로운	**busy** 바쁜	**sick** 아픈

다음 대화를 듣고 빈칸을 채워 쓰세요. 01-06~10

1

M : _____________ you at the _____________?

W : Yes, I _____________ at the hospital.

2

M : _____________ the _____________ on the sofa?

W : Yes, _____________ are on the sofa.

3

W : _____________ your father at _____________?

M : Yes, _____________ is _____________ home.

4

W : _____________ you _____________ at English?

M : No, I am _____________ good at _____________.

5

W : Are _____________ computers _____________?

M : No, _____________ are _____________ new.

필수 어휘 복습하기

 **A** 빈칸에 들어갈 알맞은 말을 보기에서 골라 쓰세요.

sick	busy	easy

1.

A: Are the questions difficult?

B: No, they are ______________ for me.

2.

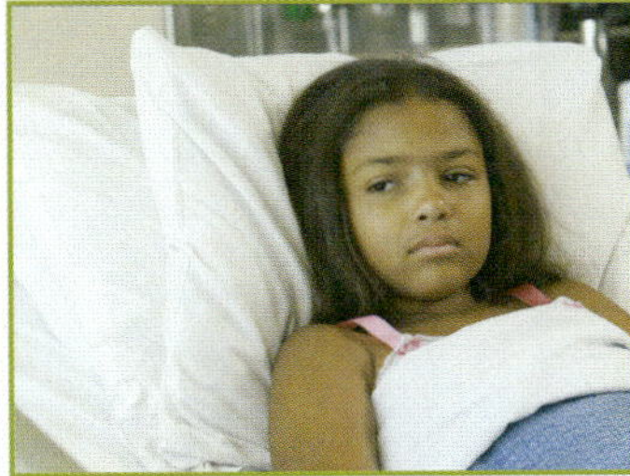

A: Why is the girl in the hospital?

B: Because she is ______________ .

3.

A: Can I have lunch with you now?

B: Sorry, but I can't. I am ______________ now.

B 빈칸에 들어갈 알맞은 말을 보기에서 골라 쓰세요.

question	puppies	student

1. Are you a ______________ in this school?

2. I live with two pet ______________ .

3. You can ask me a ______________ . I can help you.

 NEAT 실전 문제 유형을 풀어보세요.  01-11

국가영어능력평가시험 

여자의 말과 이에 대한 세 가지 반응을 듣고, 가장 적절한 것을 고르시오.

①

②

③

국가영어능력평가시험 

남자의 말과 이에 대한 세 가지 반응을 듣고, 가장 적절한 것을 고르시오.

①

②

③

Unit 02 — Do동사로 시작하는 질문에 응답하기

● **Do동사로 시작하는 의문문에 대해 익혀봅시다.**

① '~(하)다'는 일반동사의 의문문은 do동사로 시작합니다.
- You **like** me. ➡ **Do** you like me?

② 주어가 3인칭 단수(he, she, it)일 때 do는 does로 변합니다.
- **She** goes to work. ➡ **Does** she go to work?

③ Do동사로 시작하는 의문문에는 Yes 또는 No로 답을 할 수 있습니다.
- A: **Do** you like coffee?   B: **Yes**, I do.

④ '네, 물론 그래요.'라는 대답을 할 때, 'Yes' 대신 다음과 같은 표현도 씁니다.
- Sure.　　　　　- Certainly.　　　　　- No problem.

Question	Answer	
Do you like fruit?	**Yes**, I **do**.	**No**, I **don't**.
Do they speak English?	**Yes**, they **do**.	**No**, they **don't**.
Does he/she like bananas?	**Yes**, he/she **does**.	**No**, he/she **doesn't**.
Does it taste good?	**Yes**, it **does**.	**No**, it **doesn't**.

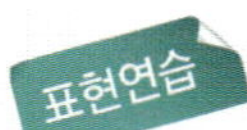  빈칸에 들어갈 알맞은 말을 보기에서 골라 쓰세요.

do	don't	does	doesn't

1. A: Does Sumi study hard? 　　　　　B: Yes, she ___________ .

2. A: Does she drink coffee? 　　　　　B: No, she ___________ .

3. A: Do you like sports? 　　　　　B: Yes, I ___________ .

필수 어휘

fruit 과일	**speak** 말하다	**taste** (어떤) 맛이 나다
hard 열심히	**drink** 마시다	**sports** 운동 경기

  **B** 다음 질문을 읽고 그에 알맞은 대답을 고르세요.

1. Do you like math?

① Certainly.

② No, I am not.

③ Yes, I does.

2. Does she like traveling?

① Yes, she is.

② No, she isn't.

③ Yes, she does.

3. Do your friends play Internet games?

① Yes, they are.

② No, they doesn't.

③ Yes, they do.

4. Does she enjoy cooking?

① Yes, she is.

② No, she doesn't.

③ Yes, she do.

필수 어휘

math 수학	**Certainly.** 물론이죠.	**traveling** 여행하는 것
Internet game 인터넷 게임	**enjoy** ~을 즐기다	**cooking** 요리하는 것

A 다음 질문을 듣고 그에 알맞은 대답을 고르세요. 02-01

1. Do you like to study English?

①

②

③

2. Do they often play baseball?

①

②

③

3. Does she go shopping every day?

①

②

③

4. Does Jinsu watch TV late?

①

②

③

 필수 어휘 02-02

often 자주	**play baseball** 야구를 하다	**go shopping** 쇼핑 가다
every day 매일	**late** 늦게까지, 늦게	**early** 일찍

B 다음 질문을 듣고 그에 알맞은 대답을 고르세요. 🎧 02-03

1. Do you get up early?

①

②

③

2. Does Jinsu come to school late?

①

②

③

3. Do you want to take a break?

①

②

③

4. Does he like sports?

①

②

③

 필수 어휘 🎧 02-04

get up 일어나다	**o'clock** (몇)시	**Sure.** 물론이죠.
take a break 잠시 쉬다	**player** 운동선수	**homework** 숙제

다음 대화를 듣고 빈칸을 채워 쓰세요. 02-05~09

1

M: ______________ you like to ______________ English?

W: Certainly, I ______________ .

2

M: ______________ they often play ______________ ?

W: Yes, they ______________ play baseball.

3

W: ______________ she go ______________ every day?

M: No, she ______________ .

4

W: ______________ Jinsu come to school ______________ ?

M: No, he ______________ .

5

W: ______________ he like ______________ ?

M: Yes, he ______________ sports very much.

필수 어휘 복습하기

A 빈칸에 들어갈 알맞은 말을 보기에서 골라 쓰세요.

take a break   play baseball   go shopping

1.

A: What do you want to do on Sunday?

B: I want to _________________________ for my shoes.

2.

A: What is your hobby?

B: I like to _____________________.

3. 

A: You look tired.

B: Yes, I want to _______________________.

B 빈칸에 들어갈 알맞은 말을 보기에서 골라 쓰세요.

late   often   early

1. I love animals so I ______________ go to the zoo.

2. I have a lot of homework so I need to study ______________ tonight.

3. I wake up ______________ because I have a morning class.

 NEAT 실전 문제 유형을 풀어보세요.  02-10

국가영어능력평가시험

여자의 말과 이에 대한 세 가지 반응을 듣고, 가장 적절한 것을 고르시오.

①

②

③

국가영어능력평가시험 

남자의 말과 이에 대한 세 가지 반응을 듣고, 가장 적절한 것을 고르시오.

①

②

③

Unit 03 — 의문사로 시작하는 질문에 응답하기

● 의문사로 시작하는 의문문에 대해 익혀봅시다.

① 필요한 정보를 물어볼 때 의문사를 사용하여 질문합니다.
- who 누구
- what 무엇
- where 어디서
- when 언제
- what time 몇 시

② 의문사로 시작하는 질문에는 Yes / No 대답이 나올 수 없으며, 주어진 의문사에 맞는 해당 내용을 말해야 합니다.
- A: **What** is this?　B: It is **a pen**. (O) / Yes, it is. (X)

Question	Answer
Who is that woman?	She is **my sister**.
What are you eating now?	I am eating **a sandwich**.
Where is your English book?	It is **on the desk**.
When do you exercise?	I exercise **in the afternoon**.
What time does the library close?	It closes **at 9 p.m.**

표현연습   빈칸에 들어갈 알맞은 말을 보기에서 골라 쓰세요.

> Who　　What　　Where　　When　　What time

1. A: ＿＿＿＿＿＿＿ kinds of food do you like?　B: I like pizza.

2. A: ＿＿＿＿＿＿＿ do you live?　B: I live in Incheon.

3. A: ＿＿＿＿＿＿＿ are you free?　B: I am free in the afternoon.

필수 어휘

exercise 운동하다	library 도서관	close 문을 닫다
kinds of ～ 종류의	live in ～에 살다	free 한가한

  다음 질문을 읽고 그에 알맞은 대답을 고르세요.

1. What is your name?

   ① My name is Jiyoung.

   ② I go to school every day.

   ③ I like my father.

2. Where are you from?

   ① I come here every day.

   ② I am a student.

   ③ I am from Singapore.

3. Who is the man over there?

   ① He is in the house.

   ② He is my friend.

   ③ He does his homework.

4. What time do you get up?

   ① I sleep in my bedroom.

   ② My mom wakes me up.

   ③ I get up at 7 o'clock.

필수 어휘

every day 매일	**be from** ~에서 오다	**over there** 저쪽
get up (잠에서) 깨다	**do his homework** 그의 숙제를 하다	**wake ~ up** ~을 깨우다

 다음 질문을 듣고 그에 알맞은 대답을 고르세요.  03-01

1. What do you like to do?

①
②
③

2. What time do you have breakfast?

①
②
③

3. Where is your cat?

①
②
③

4. Who is in the house?

①
②
③

필수 어휘  03-02

library 도서관	**have breakfast** 아침을 먹다	**at home** 집에서
couch 소파	**take a shower** 샤워를 하다	**every morning** 매일 아침

B 다음 질문을 듣고 그에 알맞은 대답을 고르세요. 03-03

1. Where do you buy clothes?

①

②

③

2. What do you see in the picture?

①

②

③

3. Who do you study with?

①

②

③

4. When do you go to class?

①

②

③

필수 어휘  03-04

buy 사다	**clothes** 옷	**shopping mall** 쇼핑몰
picture 그림, 사진	**at night** 밤에	**go to class** 수업에 가다

다음 대화를 듣고 빈칸을 채워 쓰세요. 03-05~09

1

M : _____________ do you like to do?

W : I like to _____________ books.

2

M : _____________ _____________ do you have breakfast?

W : I _____________ breakfast _____________ seven thirty.

3

W : _____________ do you buy _____________?

M : I buy clothes at the _____________ _____________.

4

W : _____________ do you see in the _____________?

M : I _____________ some _____________.

5

W : _____________ do you go to _____________?

M : I go to class _____________ seven _____________.

필수 어휘 복습하기

 **A** 빈칸에 들어갈 알맞은 말을 보기에서 골라 쓰세요.

buy	close	exercise

1.

A: What do you do in the morning?

B: We ＿＿＿＿＿＿ every morning.

2.

A: Do you open on Sunday?

B: Sorry. We ＿＿＿＿＿＿ on Sunday.

3.

A: I want to ＿＿＿＿＿＿ this. How much is this?

B: It is five thousand won.

B 빈칸에 들어갈 알맞은 말을 보기에서 골라 쓰세요.

picture	library	clothes

1. There are a lot of books in the ＿＿＿＿＿＿ .

2. Oh, your ＿＿＿＿＿＿ are dirty. You need to change your shirt and pants.

3. My brother loves to draw ＿＿＿＿＿＿ on paper.

 NEAT 실전 문제 유형을 풀어보세요.  03-10

국가영어능력평가시험 

여자의 말과 이에 대한 세 가지 반응을 듣고, 가장 적절한 것을 고르시오.

①

②

③

국가영어능력평가시험 

남자의 말과 이에 대한 세 가지 반응을 듣고, 가장 적절한 것을 고르시오.

①

②

③

OPEN NEAT

중심 내용 찾기

차례

유형 미리 보기 – 중심 내용 찾기

1 문제 보기  04-01

국가영어능력평가시험

다음을 듣고, 무엇에 관한 설명인지 고르시오.

① 동물원 구경
② 동물의 종류
③ 애완동물
④ 고양이와 개의 싸움

[Script]

W: I like pets. I have a dog and a cat. The dog barks and wakes me up in the morning. The cat often sleeps next to me on my bed. They are very lovely.

2 문제 풀이

- 해석: 나는 애완동물을 좋아한다. 나는 개 한 마리와 고양이 한 마리를 가지고 있다. 개는 멍멍 짖어서 아침에 나를 깨운다. 고양이는 자주 내 침대 위 내 옆에 잔다. 그들은 정말 사랑스럽다.

- 정답: ③번

3 문제 파고 들기

① 중심 내용 찾기란 어떤 문제인가요?

- 담화나 대화를 듣고, 중심 내용이 무엇인지 또는 말하는 이가 강조하는 것이 무엇인지를 파악하는 문제
  입니다.
- 담화나 대화를 듣고, 주제, 요지, 화자의 주장이나 의견, 목적 등을 찾는 문제가 나옵니다.

② 중심 내용 찾기에는 어떤 지시문이 나오나요?

- 대화를[다음을] 듣고, 무엇에 관한 내용인지 고르시오.
- 대화를[다음을] 듣고, 남자/여자가 말하는 요지로 가장 적절한 것을 고르시오.
- 대화를 듣고, 남자/여자의 주장으로 가장 적절한 것을 고르시오.
- 다음을 듣고, 남자/여자가 전화를 건 목적으로 가장 적절한 것을 고르시오.

4 문제 해결하기

① 듣기 내용이 나오기 전, 미리 문제를 읽고 물어보는 내용이 무엇인지 확실하게 파악하세요.

- 다음을 듣고, 무엇에 관한 설명인지 고르시오. ➡ 주제 찾기

② 듣기 내용이 나오기 전, 선택지의 내용을 미리 읽어 대화나 담화의 핵심 내용을 미리 짐작해보세
  요.

- ① 동물원 구경　　　　② 동물의 종류
  ③ 애완동물　　　　　　④ 고양이와 개의 싸움
- ➡ 동물에 관한 내용이 나올 것임을 짐작할 수 있습니다.

③ 자주 반복되는 어휘와 표현을 찾으면 중심 내용을 쉽게 파악할 수 있습니다.

④ 중심 문장은 듣기 내용의 시작 또는 마지막에 주로 나옵니다.

- I like pets.

Unit 04

주제 찾기

 **리스닝 해법**

A 다음을 듣고, 무엇에 관한 설명인지 고르세요.  04-02

① 인기 있는 경기

② 나의 장래 희망

③ 내가 좋아하는 스포츠

④ 내가 좋아하는 영화

Note-Taking
➡

 해법 전략 문제 다시 한번 듣고 다음의 질문에 답하세요.

1. 중심어로 가장 적절한 것을 고르세요.

① baseball

② soccer

2. 중심 내용으로 가장 적절한 것을 고르세요.

① My favorite sport is soccer.

② I practice soccer every day.

 필수 어휘 04-03

favorite 가장 좋아하는	**sport** 운동 경기	**play soccer** 축구를 하다
practice 연습하다	**also** 또한	**watch** 보다

B 대화를 듣고, 무엇에 관한 내용인지 고르세요. 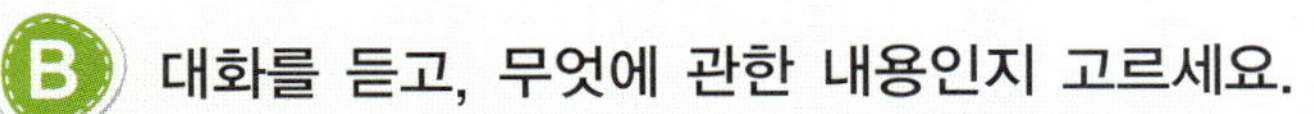 04-04

① 나에게 어울리는 옷 스타일

② 인터넷으로 음식 주문하기

③ 인터넷 게임 중독

④ 인터넷 쇼핑

Note-Taking

 다시 한번 듣고 다음의 질문에 답하세요.

1. 중심어로 가장 적절한 것을 고르세요.

① shopping on the Internet

② my new jacket

2. 중심 내용으로 가장 적절한 것을 고르세요.

① This jacket looks good on me.

② I can buy clothes cheaply on the Internet.

필수 어휘  04-05

look good 잘 어울린다	**usually** 주로	**buy** 사다
clothes 옷	**shop** 쇼핑하다	**cheaply** 싸게

1. 다음을 듣고, 무엇에 관한 설명인지 고르세요. 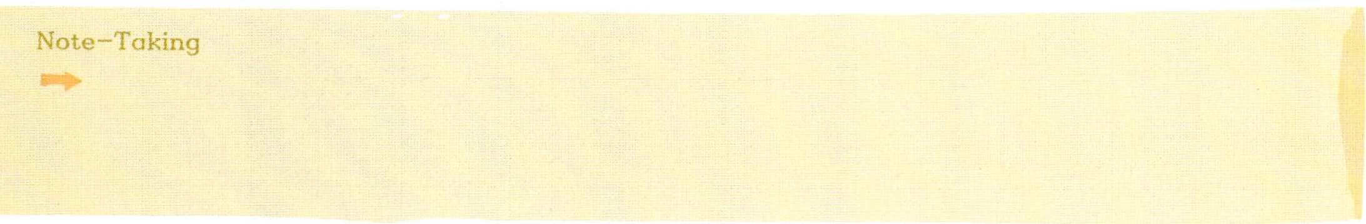 04-06

① 책을 구입하는 방법

② 좋은 책을 고르는 방법

③ 나에게 독서가 좋은 점

④ 위대한 사람들 만나기

Note-Taking

필수 어휘  04-07

hobby 취미	**before bedtime** 잠자기 전	**great men** 위대한 사람들
interesting 흥미로운	**learn** 배우다	**a lot of** 많은

2. 다음을 듣고, 무엇에 관한 설명인지 고르세요.  04-08

① 다이어트 하는 방법

② 건강 식품

③ 음식의 필요성

④ 요리법 소개

Note-Taking

필수 어휘  04-09

important 중요한	**energy** 기운	**without** ~없이
meal 식사	**a day** 하루에	**health** 건강

3. 대화를 듣고, 무엇에 관한 내용인지 고르세요.  04-10

① 여름 방학

② 여름 소나기

③ 우산 빌리기

④ 비로 인한 피해

Note-Taking

➡

필 수 어 휘  04-11

What's up? 무슨 일이에요?　　**umbrella** 우산　　**Don't worry.** 걱정하지 마세요.
borrow 빌리다　　**go out** 외출하다　　**Here it is.** 여기 있어요.

4. 대화를 듣고, 무엇에 관한 내용인지 고르세요.  04-12

① 유명한 야구 선수

② 오늘 야구를 할 수 없는 이유

③ 오늘 하루 내린 비의 양

④ 비로 인한 피해

Note-Taking

➡

필 수 어 휘 04-13

play baseball 야구를 하다　　**I'm afraid~.** (미안하지만) ~이다.　　**Right.** 맞아요.
ground 땅　　**too** 너무　　**wet** 젖은

다음을 듣고 빈칸을 채워 쓰세요. 04-14~16

1

W : My hobby is ______________ books. I ______________ read a book before ______________ . I read many stories of ______________ men in some books. Some stories are very ______________ . I can ______________ a lot of things from books.

2

M : We need ______________ . Food is ______________ because it gives us ______________ . We can walk and run ______________ we eat food. We can't live ______________ food. We eat three meals ______________ ______________ . Food helps our ______________ .

3

W : Can we play ______________ ?

M : I am ______________ we can't.

W : Right, it is ______________ outside.

M : Yes. The ground is too ______________ .

W : But I ______________ to play baseball.

M : We can play it ______________ .

필수 어휘 복습하기

 **A** 빈칸에 들어갈 알맞은 말을 보기에서 골라 쓰세요.

favorite	important	wet

1.

A: Look at you! Your clothes are ______________.

B: Yes, Mom. I was in the rain.

2.

A: What is your ______________ color?

B: I like red the most.

3.

A: Friends are very ______________ in your life.

B: I know. I love my friends.

B 빈칸에 들어갈 알맞은 말을 보기에서 골라 쓰세요.

practice	buy	watch

1. My computer is broken. I need to ______________ a new one.

2. I ______________ the piano every day.

3. Do you want to ______________ a movie this weekend?

 NEAT 실전 문제 유형을 풀어보세요.  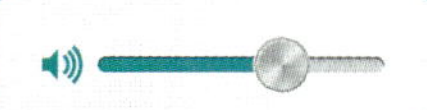 04-17

국가영어능력평가시험

다음을 듣고, 무엇에 관한 설명인지 고르시오.

① 새로운 가족 이야기

② 아이스크림 종류

③ 희귀동물 보호하기

④ 주말 가족 여행

국가영어능력평가시험 

대화를 듣고, 무엇에 관한 내용인지 고르시오.

① 좋아하는 색깔

② 무지개가 뜨는 원리

③ 빨간색과 파란색의 차이

④ 그림물감의 종류

Unit 05 요지 찾기

리스닝 해법

A 다음을 듣고, 담화의 요지로 가장 적절한 것을 고르세요.  05-01

① 나의 휴대전화는 비싸다.
② 나의 휴대전화는 기능이 다양하다.
③ 나는 휴대전화를 인터넷으로 샀다.
④ 나는 휴대전화가 그다지 필요하지 않다.

Note-Taking
➡

 다시 한번 듣고 다음의 질문에 답하세요.

1. 중심어로 가장 적절한 것을 고르세요.

① a phone call
② my new cell phone

2. 중심 내용으로 가장 적절한 것을 고르세요.

① I can make a phone call.
② My new cell phone is very useful.

필수 어휘  05-02

cell phone 휴대전화	**make a phone call** 전화를 걸다	**also** 또한
take pictures 사진을 찍다	**email** 이메일을 보내다	**useful** 쓸모 있는

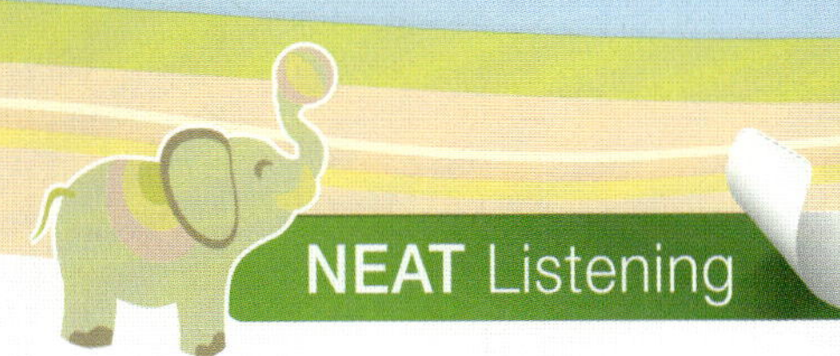

B 대화를 듣고, 대화의 요지로 가장 적절한 것을 고르세요.  05-03

① 아프리카에는 많은 동물들이 있다.

② 기린은 목이 긴 동물이다.

③ 내가 가장 좋아하는 동물은 기린이다.

④ 동물 숫자가 줄고 있다.

Note-Taking

 다시 한번 듣고 다음의 질문에 답하세요.

1. 중심어로 가장 적절한 것을 고르세요.

① my favorite animal

② leaves on a tall tree

2. 중심 내용으로 가장 적절한 것을 고르세요.

① Giraffes' necks are very long.

② I like giraffes.

 필수 어휘 05-04

favorite 가장 좋아하는	**animal** 동물	**giraffe** 기린
so 그래서	**leaves** 잎들	**interesting** 흥미로운

1. 다음을 듣고, 담화의 요지로 가장 적절한 것을 고르세요. 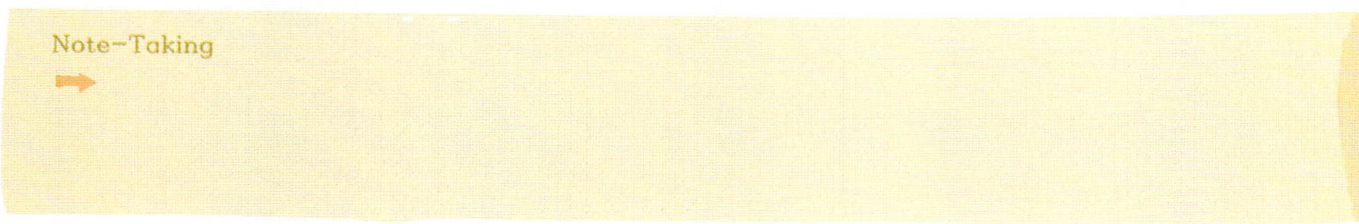 05-05

① 나는 계절에 따라 운동량을 조절한다.
② 올림픽 경기에 수영은 필수 종목이다.
③ 수영은 건강에 도움이 된다.
④ 나는 최고의 수영 선수가 되고 싶다.

Note-Taking

필수 어휘  05-06

outside 야외에서	**inside** 실내에서	**Olympics** 올림픽
swimmer 수영 선수	**best** 최고의	**in the world** 세계에서

2. 다음을 듣고, 담화의 요지로 가장 적절한 것을 고르세요. 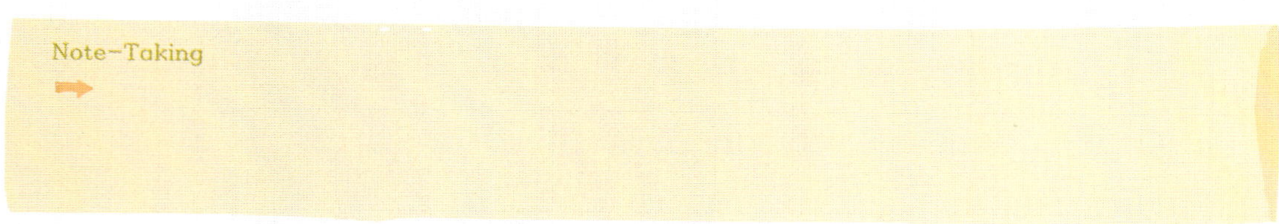 05-07

① 새해에는 온 가족이 모여 소원을 빈다.
② 크리스마스에는 가족과 여행을 간다.
③ 주말을 가족과 보내는 것이 좋다.
④ 크리스마스에는 선물을 주고받을 수 있어서 좋다.

Note-Taking

필수 어휘  05-08

Christmas 크리스마스	**holiday** 휴일, 기념일	**get** 받다
present 선물	**give** 주다	**like** ~과 같은

3. 대화를 듣고, 대화의 요지로 가장 적절한 것을 고르세요.  05-09

① 나는 야채 수프를 좋아한다.

② 수프는 값이 비싸다.

③ 수프에는 여러 종류가 있다.

④ 나는 모든 수프를 좋아한다.

Note-Taking ➡

필수 어휘 05-10

what kind of~ 어떤 종류의 ~　　　　**vegetable** 야채　　　　**delicious** 맛있는

4. 대화를 듣고, 대화의 요지로 가장 적절한 것을 고르세요. 05-11

① 한강에서 낚시를 즐길 수 있다.

② 한강은 매우 크다.

③ 한강은 사람들에게 인기 있는 장소이다.

④ 한강에는 수영장과 놀이공원이 있다.

Note-Taking ➡

필수 어휘 05-12

popular 인기 있는　　　　**for a picnic** 소풍으로　　　　**visit** 찾아가다
Of course. 물론이죠.　　　　**Let's ~.** ~하자.　　　　**someday** 언젠가

다음을 듣고 빈칸을 채워 쓰세요.　05-13~15

1

M : ______________ is my favorite ______________ because I ______________ many presents from my parents and friends on Christmas Day. I also ______________ my parents and friends some ______________ ______________ books and cookies. Christmas is a ______________ day.

2

W : What ______________ of food do you like?

M : I love ______________ soup.

W : ______________ you make it?

M : No. My mom ______________ it for me.

W : Is it good?

M : Yes, it's very ______________ . I like it very ______________ .

3

W : ______________ Han River is very big.

M : Is it ______________ with people?

W : Yes. Many people go there for a ______________ .

M : Do you like to ______________ there?

W : Of course. ______________ go together ______________ .

필수 어휘 복습하기

A 빈칸에 들어갈 알맞은 말을 보기에서 골라 쓰세요.

make a phone call	take pictures	Let's

1.

A: I have difficult math homework.

B: I can help you. _________________ do homework together.

2.

A: Can I borrow your phone? I need to _________________ to my mom.

B: No problem.

3.

A: Look at these beautiful flowers!

B: Oh, I want to _________________ of them.

B 빈칸에 들어갈 알맞은 말을 보기에서 골라 쓰세요.

delicious	useful	popular

1. Thank you for your help. Your information is very _________________.

2. Girls' Generation is the most _________________ singing group in Korea.

3. I'm so full but the food here is really _________________.

 NEAT 실전 문제 유형을 풀어보세요.  05-16

국가영어능력평가시험

대화를 듣고, 대화의 요지로 가장 적절한 것을 고르시오.

① 공항에는 항상 사람들이 많다.
② 비행기를 타는 것은 신난다.
③ 나는 비행사가 되고 싶다.
④ 장난감 비행기가 인기 있다.

국가영어능력평가시험 

다음을 듣고, 담화의 요지로 가장 적절한 것을 고르시오.

① 나는 엄마와 함께 쇼핑을 간다.

② 나는 야구를 가장 좋아한다.

③ 나는 야구 선수 스티커를 가장 좋아한다.

④ 친구를 사귀는데 스티커가 꼭 필요하다.

Unit 06

주장 / 의견 찾기

 리스닝 해법

A 대화를 듣고, 여자의 주장으로 가장 적절한 것을 고르세요.  06-01

① 가볍게 운동을 해야 한다.

② 당분간 쉬어야 한다.

③ 잠을 충분히 자야 한다.

④ 규칙적으로 운동을 해야 한다.

> Note-Taking
> →

 다시 한번 듣고 다음의 질문에 답하세요.

1. 남자의 문제점이 가장 잘 드러난 부분을 고르세요.

① I have back pain.

② I didn't sleep last night.

2. 여자의 주장이 가장 잘 드러난 부분을 고르세요.

① You should exercise more.

② You should relax for a while.

필수 어휘  06-02

back 등	**pain** 아픔	**exercise** 운동하다
should ~해야 한다	**relax** 휴식을 취하다	**for a while** 잠시 동안

B 대화를 듣고, 여자의 의견으로 가장 적절한 것을 고르세요. 06-03

① 달리기를 하라.

② 자전거를 타라.

③ 산책을 하라.

④ 자전거를 구입하라.

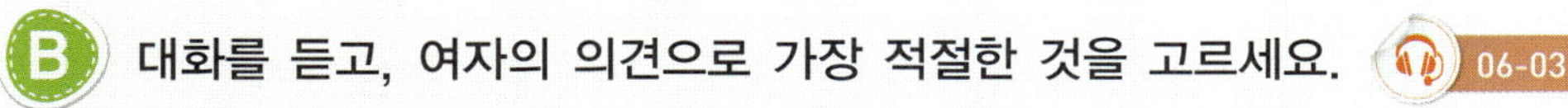

Note-Taking

 다시 한번 듣고 다음의 질문에 답하세요.

1. 남자의 문제점이 가장 잘 드러난 부분을 고르세요.

① I want to buy a new bicycle.

② I need to lose weight.

2. 여자의 의견이 가장 잘 드러난 부분을 고르세요.

① Why don't you take a walk?

② Why don't you ride a bicycle?

 필수 어휘 06-04

lose weight 체중을 줄이다   **You'd better~.** 당신은 ~하는 게 좋겠어요.
Why don't you ~? ~하는 게 어때요?   **Sounds great.** 좋아요.

1. 대화를 듣고, 여자의 주장으로 가장 적절한 것을 고르세요.  06-05

① 과격한 운동을 하지 마라.

② 7시 전에 집에 들어 와라.

③ 서둘러 집에 오지 않아도 된다.

④ 축구 연습을 열심히 해라.

Note-Taking

➡

필수 어휘 06-06

What's up? 무슨 일이니?   **come back home** 집에 들어가다   **late** 늦게
practice 연습   **should** ～해야 한다   **before** ～ 전에

2. 대화를 듣고, 남자의 주장으로 가장 적절한 것을 고르세요.  06-07

① 소화가 잘 되는 음식을 먹어라.

② 감기약을 먹어라.

③ 병원에 가서 진찰을 받아라.

④ 몸을 따뜻하게 해라.

Note-Taking

➡

필수 어휘 06-08

What's wrong with you? 너에게 무슨 문제가 생겼니?   **have a cold** 감기에 걸리다
have a fever 열이 나다   **see a doctor** 의사의 진찰을 받다

3. 대화를 듣고, 여자의 의견으로 가장 적절한 것을 고르세요.  06-09

① 동물원에 더 많은 동물이 있어야 한다.

② 우리는 동물원에 더 자주 놀러 가야 한다.

③ 우리는 판다 곰을 안전하게 지켜야 한다.

④ 동물원은 동물원 입장료를 낮추어야 한다.

Note-Taking 

필수 어휘 06-10

zoo 동물원	**I'd love to ~.** ~하고 싶다.	**panda bear** 판다 곰
cute 귀여운	**keep ~ safe** ~을 안전하게 보호하다	

4. 대화를 듣고, 남자의 의견으로 가장 적절한 것을 고르세요.  06-11

① 편의점에서 필요한 물건을 구입할 수 있다.

② 요즘 감자칩 신제품이 많이 나왔다.

③ 감자칩을 너무 많이 먹으면 살찔 수 있다.

④ 감자 값이 많이 올랐다.

Note-Taking 

필수 어휘 06-12

new 새로운	**potato chips** 감자칩 과자	**try** (음식 등을) 먹어보다
Don't ~. ~하지 마라.	**Why not?** 왜 안되나요?	**if** 만약 ~한다면

다음 대화를 듣고 빈칸을 채워 쓰세요. 🎧 06-13~15

1

M : Hello, mom. ______________ is Kevin.

W : Hello, Kevin. What's ______________?

M : Mom, I'll come back home ______________ today. I have ______________ practice.

W : Okay, but you ______________ come back home ______________ 7 o'clock.

M : Okay, mom.

2

M : What's ______________ with you?

W : I think I have a ______________ .

M : Do you have a ______________ ?

W : Yes.

M : Why ______________ you see a ______________ ?

W : Okay, I ______________ . Thank you.

3

W : Oh, these are new ______________ chips!

M : Do you want to ______________ the new potato chips?

W : Yes, I want to.

M : But ______________ eat ______________ many.

W : Why not?

M : ______________ you eat too many, you can get ______________ .

필수 어휘 복습하기

 **A** 빈칸에 들어갈 알맞은 말을 보기에서 골라 쓰세요.

have a cold	see a doctor	Why don't you

1.

A: I am late for work. I need to hurry up.

B: _________________ take a taxi?

2.

A: Oh, you have a fever.

B: Yes, I _________________ .

3.

A: I am sick.

B: You'd better _________________ now.

B 빈칸에 들어갈 알맞은 말을 보기에서 골라 쓰세요.

lose	relax	should

1. I'm very tired. I want to ___________ for a while.

2. Oh, it's late. I ___________ go home now.

3. I started jogging because I want to ___________ weight.

A NEAT 실전 문제 유형을 풀어보세요.  

국가영어능력평가시험

대화를 듣고, 남자의 주장으로 가장 적절한 것을 고르시오.

① 인터넷으로 영화 표를 사는 게 훨씬 싸다.

② 액션 영화가 훨씬 재미있다.

③ 다음엔 인터넷으로 영화 표를 예매하자.

④ 오늘밤에 영화를 보자.

국가영어능력평가시험

대화를 듣고, 여자의 의견으로 가장 적절한 것을 고르시오.

① 날씨가 따뜻하니 바깥에서 노는 게 좋겠다.

② 추운 날엔 외출하지 않는 것이 좋다.

③ 외투는 세탁하기 어렵다.

④ 외투를 입고 모자와 장갑을 써라.

OPEN NEAT

특정 정보 찾기

차례

유형 미리 보기 – 특정 정보 찾기

1 문제 보기 

국가영어능력평가시험

대화를 듣고, 내용과 일치하지 <u>않는</u> 것을 고르시오.

① 지금 비가 온다.
② 내일까지 비가 올 것이다.
③ 남자는 날씨가 좋아지길 기대한다.
④ 남자는 오후에 친구를 만날 것이다.

[Script]

M: Look out the window! It's windy and rainy.
W: Do you plan to go out?
M: Yes, I will meet my friend in the afternoon.
W: Don't worry. It will be fine this afternoon.
M: I hope so.

2 문제 풀이

- 해석: 남자: 창 밖을 봐! 바람 불고 비가 와.
  여자: 외출할 계획이니?
  남자: 응, 오후에 친구를 만날 거야.
  여자: 걱정하지마. 오후에는 날씨가 좋아질 거야.
  남자: 나도 그랬으면 좋겠어.
- 정답: 듣기 내용과 일치하지 않는 것은 ②번입니다.

3 문제 파고 들기

① 특정 정보 찾기란 어떤 문제인가요?

- 담화나 대화를 듣고, 특정한 정보를 빠르고 정확하게 찾아내는 문제입니다.
- 담화나 대화를 듣고, 내용과 일치하는지, 부탁한 일이 무엇인지, 할 일이 무엇인지, 이유가 무엇인지, 숫자 정보 찾기 등을 묻는 문제가 출제됩니다.

② 특정 정보 찾기에는 어떤 지시문이 나오나요?

- 대화를[다음을] 듣고, 내용과 일치하지 <u>않는</u> 것을 고르시오.
- 대화를 듣고, 여자가 남자에게 부탁한 일로 가장 적절한 것을 고르시오.
- 대화를 듣고, 남자/여자가 대화 직후 할 일로 가장 적절한 것을 고르시오.
- 다음을 듣고, 남자/여자가 영화를 보지 못하는 이유로 가장 적절한 것을 고르시오.

4 문제 해결하기

① 듣기 내용이 나오기 전, 미리 문제를 읽고 무엇을 찾는 문제인지 정확히 파악하세요.

- 대화를 듣고, 내용과 일치하지 <u>않는</u> 것을 고르시오.

② 일치/불일치를 묻는 문제의 경우, 스크립트를 들으면서 각각의 선택지 내용이 맞는지 아닌지를 마음 속으로 O/X를 표시해가며 푸세요.

③ 요구 또는 부탁한 일을 찾는 문제의 경우, 누가 누구에게 무엇을 왜 부탁하는지 등의 세부 사항을 꼼꼼히 들으세요.

④ 할 일을 찾는 문제의 경우, 일반적으로 화자가 할 일이 마지막 부분에 많이 나오므로 끝까지 집중해 들으세요.

⑤ 이유를 찾는 문제의 경우, 사건의 발단이 무엇인지 파악하고 결과의 원인이 되는 단서를 놓치지 않도록 잘 들으세요.

Unit 07 — 내용 일치 / 불일치 찾기

 **리스닝 해법**

A 대화를 듣고, 내용과 일치하는 것을 고르세요.  07-02

① 여자는 뭔가 재미있는 것을 하고 싶다.

② 여자는 공부를 하고 싶다.

③ 여자는 컴퓨터 게임을 싫어한다.

④ 여자는 책 읽는 것을 가장 좋아한다.

Note-Taking
➡

 **해법 전략 문제** 다시 한번 듣고 다음의 질문에 답하세요.

1. 여자가 한 말의 내용과 일치하면 T 에, 일치하지 않으면 F 에 체크하세요.

① I want to do something fun!　　　T　F

② Reading books is interesting.　　T　F

2. 남자가 한 말의 내용과 일치하면 T 에, 일치하지 않으면 F 에 체크하세요.

① Let's read books.　　　T　F

② How about watching TV?　　T　F

필수 어휘  07-03

something 무언가	**fun** 재미있는	**Let's ~.** ~하자.
reading 책 읽는 것	**boring** 지루한	**How about ~?** ~는 어때?

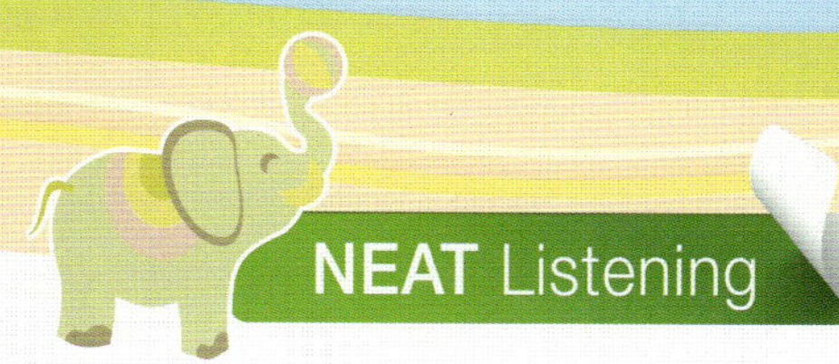

B 다음을 듣고, 내용과 일치하지 <u>않는</u> 것을 고르세요. 07-04

① 단 음식은 치아에 좋지 않다.

② 사탕을 너무 많이 먹지 마라.

③ 매 식사 후에 양치질을 할 필요는 없다.

④ 잠자기 전에 양치질을 해야 한다.

Note-Taking

 다시 한번 듣고 다음의 질문에 답하세요.

1. 여자가 한 말의 내용과 일치하면 T 에, 일치하지 않으면 F 에 체크하세요.

① You should take care of your hair.　　　　T　F

② Don't eat too much candy.　　　　T　F

③ You should brush your teeth before meals.　　　　T　F

④ You should brush your teeth before you go to bed.　　　　T　F

 필수 어휘　07-05

take care of 돌보다	**teeth** 치아	**sweet** 맛이 단
brush one's teeth 양치질 하다	**after meals** 식사 후에	**especially** 특히

1. 대화를 듣고, 내용과 일치하는 것을 고르세요.  07-06

① 여자는 잡지를 사려고 한다.

② 여자는 만화책을 찾고 있다

③ 여자는 소설가이다.

④ 여자는 교실에 있다.

Note-Taking

필수 어휘 07-07

Excuse me. 실례합니다.　　　　**look for** ~을 찾다　　　　**comic book** 만화책
find 찾다　　　　**this way** 이쪽으로　　　　**right here** 바로 여기

---

2. 다음을 듣고, 내용과 일치하는 것을 고르세요.  07-08

① 나의 학교 건물은 멋있다.

② 나는 공부하는 과목이 너무 많다.

③ 나는 새로운 것을 배우는 것이 어렵다.

④ 친구들은 나에게 친절하다.

Note-Taking

필수 어휘 07-09

learn 배우다　　　　**a lot** 많이　　　　**learning** 배우는 것
make friends 친구를 사귀다　　　　**after school** 방과 후에　　　　**kind** 친절한

3. 대화를 듣고, 내용과 일치하지 <u>않는</u> 것을 고르세요.  07-10

① 남자는 슈퍼마켓에 갈 것이다.

② 여자는 남자에게 물 한 병을 사 달라고 부탁한다.

③ 여자는 남자에게 5달러를 준다.

④ 두 사람은 점심을 먹으러 갈 것이다.

Note-Taking

➡

필수 어휘　 07-11

be going to ~에 가고 있다	**anything** 무언가	**please** ~ 해주세요.
buy 사주다	**a bottle of water** 물 한 병	**How much ~?** ~는 가격이 얼마인가요?

4. 다음을 듣고, 내용과 일치하지 <u>않는</u> 것을 고르세요. 07-12

① 여자는 영화관에서 파는 음식을 좋아한다.

② 여자는 팝콘을 가장 좋아한다.

③ 핫도그는 맛있다.

④ 여자는 오늘밤 핫도그를 먹을 것이다.

Note-Taking

➡

필수 어휘　 07-13

all 모든	**movie theater** 영화관	**the most** 가장
sometimes 가끔	**tonight** 오늘밤	**only** 오직

다음을 듣고 빈칸을 채워 쓰세요. 07-14~16

1

W : Excuse me.

M : Hi. How _____________ I help you?

W : I am _____________ for comic books. Where can I _____________ them?

M : Come this _____________ . Comic books are _____________ here.

W : _____________ you very much.

2

M : I love my school. I learn a _____________ in school. _____________ new things is fun. I make many _____________ . After school I play and study _____________ with my friends. They are _____________ to me. I have _____________ friends.

3

W : _____________ are you going?

M : I am _____________ to the supermarket. Do you need _____________ ?

W : Yes, please buy me a _____________ of water.

M : Okay. How _____________ is the water?

W : _____________ is five dollars.

M : Okay.

W : Thank you very much.

필수 어휘 복습하기

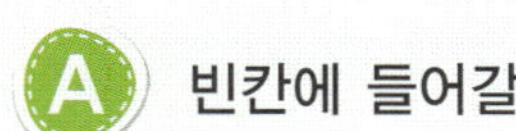

A 빈칸에 들어갈 알맞은 말을 보기에서 골라 쓰세요.

> brush your teeth　　　take care of　　　make friends

1.

A: Wow, this garden is so beautiful.

B: Yes, I _________________ the plants every day.

2.

A: Do you _________________ after meals?

B: Yes, I do.

3.

A: Do you _________________ in your new school?

B: Yes, I have many friends.

B 빈칸에 들어갈 알맞은 말을 보기에서 골라 쓰세요.

> a lot　　　　sometimes　　　　especially

1. My brother likes all kinds of music, _____________ K-pop.

2. I feel great because I study _____________ .

3. _____________ I have tea with dinner.

 NEAT 실전 문제 유형을 풀어보세요.  07-17

국가영어능력평가시험 

대화를 듣고, 내용과 일치하는 것을 고르시오.

① 남자는 East Wing 팀을 좋아한다.
② 여자는 야구를 싫어한다.
③ 남자는 야구경기를 보러 갈 것이다.
④ 여자는 남자와 함께 야구경기를 보러 갈 것이다.

국가영어능력평가시험 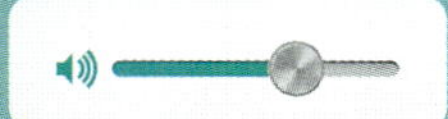

다음을 듣고, 내용과 일치하지 <u>않는</u> 것을 고르시오.

① 나는 도서관에서 공부하는 것을 좋아한다.

② 2층에 많은 책상들이 있다.

③ 나는 주로 1층에서 공부한다.

④ 도서관에서 컴퓨터를 사용할 수 있다.

Unit 08 요구 / 부탁한 일 찾기

 **A** 대화를 듣고, 여자가 남자에게 요구한 일로 가장 적절한 것을 고르세요.  08-01

① TV 수리해주기

② 새 옷 골라주기

③ 컴퓨터 사용법 가르쳐주기

④ 헤드셋 가격 할인해주기

> **Note-Taking**
> →

 다시 한번 듣고 다음의 질문에 답하세요.

1. 중심 내용으로 가장 적절한 것을 고르세요.

① how to use a computer
② how to use an MP3 player

2. 부탁의 내용이 가장 잘 드러난 부분을 고르세요.

① Do you have a computer?
② Can you teach me how to use a computer?

  08-02

teach 가르쳐주다	**how to use** 어떻게 사용하는지	**will** ~할 것이다
not yet 아직 ~않다/없다	**tomorrow** 내일	**show** 보여주다

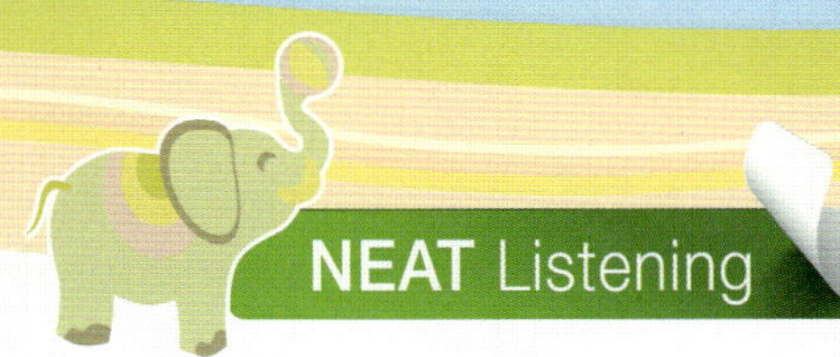

B 대화를 듣고, 남자가 여자에게 부탁한 일로 가장 적절한 것을 고르세요.  08-03

① 농구공 빌리기

② 책 읽어주기

③ 운동장 청소하기

④ 심부름하기

Note-Taking

해법 전략 문제   다시 한번 듣고 다음의 질문에 답하세요.

1. 중심어로 가장 적절한 것을 고르세요.

① a basketball

② a baseball

2. 부탁의 내용이 가장 잘 드러난 부분을 고르세요.

① Do you have a basketball?

② Can I borrow your basketball?

필수 어휘  08-04

basketball 농구공	**borrow** 빌리다	**Of course.** 물론이죠.
take 가져가다	**You're welcome.** 천만에요.	

1. 대화를 듣고, 남자가 여자에게 요구한 일로 가장 적절한 것을 고르세요.  08-05

① 시험공부를 많이 할 것
② 숙제를 도와줄 것
③ TV를 수리해줄 것
④ 남자의 집으로 올 것

Note-Taking
→

필수 어휘 08-06

What's up? 무슨 일이에요?　　　　**next** 다음　　　　**exam** 시험
come over 들르다　　　　**All right.** 좋아요.

2. 대화를 듣고, 여자가 남자에게 요구한 일로 가장 적절한 것을 고르세요.  08-07

① 저녁 식사를 요리해주기
② 야채 피자 만드는 법 가르쳐 주기
③ 피자를 함께 나눠 먹기
④ 시장에 함께 가기

Note-Taking
→

필수 어휘 08-08

what kind of 어떤 종류의　　　　**vegetable** 야채　　　　**by yourself** 너 혼자 스스로
how to make 어떻게 만드는지　　　　**Sure.** 물론이죠.

3. 대화를 듣고, 남자가 여자에게 부탁한 일로 가장 적절한 것을 고르세요.  08-09

① 감기약 주기

② 담요 주기

③ 히터 켜주기

④ 함께 병원 가주기

Note-Taking

필수 어휘   08-10

look well 건강해 보이다	**blanket** 담요	**turn on** 켜다
heater 히터	**now** 지금	**Thanks.** 고마워요.

4. 대화를 듣고, 여자가 남자에게 부탁한 일로 가장 적절한 것을 고르세요.  08-11

① 거실 청소하기

② 함께 축구하기

③ 상자를 방으로 옮기기

④ 빨래 널기

Note-Taking

필수 어휘   08-12

busy 바쁜	**actually** 예상과 달리	**Would you ~?** ~ 해주시겠어요?
move 옮기다	**living room** 거실	

다음 대화를 듣고 빈칸을 채워 쓰세요. 08-13~15

1

W : Hello, Jinsu. This is Minji.

M : What's ____________?

W : I want to ____________ with you for the next ____________.

M : That's a good ____________. Come ____________ to my house.

W : All right. See you ____________.

M : Okay. Bye.

2

W : What ____________ of food do you like?

M : I love ____________ pizza.

W : Can you make it by ____________?

M : Yes, I can.

W : Can you ____________ me ____________ to make vegetable pizza?

M : ____________.

3

W : You don't look ____________.

M : I ____________ very cold.

W : Do you want a ____________?

M : No, thanks, but please ____________ on the heater.

W : No ____________. I will do it ____________.

M : Thanks a lot.

 **필수 어휘 복습하기**

A 빈칸에 들어갈 알맞은 말을 보기에서 골라 쓰세요.

of course	You're welcome	What's up

1.

A: Thank you for your help.

B: ___________________ .

2.

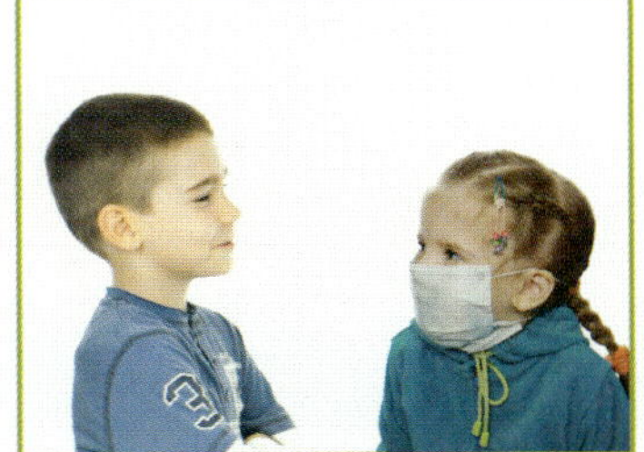

A: You don't look good. ___________________?

B: I have a cold.

3.

A: Can you help me with math homework?

B: Yes, ___________________ .

B 빈칸에 들어갈 알맞은 말을 보기에서 골라 쓰세요.

vegetable	exam	blanket

1. I am studying for the English ___________ .

2. The baby in the ___________ is so cute.

3. My mom sometimes cooks ___________ soup.

 NEAT 실전 문제 유형을 풀어보세요.  08-16

국가영어능력평가시험 

대화를 듣고, 여자가 남자에게 요구한 일로 가장 적절한 것을 고르시오.

① 운동화 사이즈 알아오기
② 공 찾기
③ 게임 방법 알려주기
④ 구슬 굴리기

국가영어능력평가시험 

대화를 듣고, 여자가 남자에게 부탁한 일로 가장 적절한 것을 고르시오.

① 함께 택시 타기
② 함께 집에서 놀기
③ 함께 쇼핑하기
④ 함께 점심 먹기

화자가 할 일 찾기

 **리스닝 해법**

A 대화를 듣고, 남자가 할 일로 가장 적절한 것을 고르세요.  09-01

① 낚시
② 요리
③ 집안일
④ 수영

Note-Taking
➡

 **해법 전략 문제**   다시 한번 듣고 다음의 질문에 답하세요.

1. 남자가 한 말의 내용과 일치하면 T 에, 일치하지 않으면 F 에 체크하세요.

① I'm going to the sea today.   T   F
② My brother will come with me.   T   F

2. 남자가 오늘 할 일이 가장 잘 드러난 부분을 고르세요.

① I will go fishing.

② I will go swimming.

 **필수 어휘**   09-02

lake 호수	**today** 오늘	**will** ~할 것이다
go fishing 낚시하러 가다	**sound** ~일 것 같다	**alone** 혼자서

B 대화를 듣고, 여자가 할 일로 가장 적절한 것을 고르세요.  09-03

① 선물 사기
② 초콜릿 케이크 만들기
③ 생일파티에 가기
④ 케이크 가지러 가기

Note-Taking

 다시 한번 듣고 다음의 질문에 답하세요.

1. 여자가 한 말의 내용과 일치하면 T 에, 일치하지 않으면 F 에 체크하세요.

① I'd like to order a chocolate cake.　　　T　F

② I need something else.　　　T　F

2. 여자가 할 일이 가장 잘 드러난 부분을 고르세요.

① I will deliver the chocolate cake to your house.

② I will pick it up this afternoon.

 필수 어휘　09-04

I'd like to~. ~하고 싶다.	**order** 주문하다	**deliver** 배달하다
pick up 가지러 가다	**else** 그 밖에	**That's all.** 그게 다예요.

1. 대화를 듣고, 여자가 할 일로 가장 적절한 것을 고르세요.  09-05

① 외출하기
② 집안 청소하기
③ 저녁식사 요리하기
④ 친구 초대하기

Note-Taking

 필수 어휘 09-06

invited 초대했다	**to dinner** 저녁식사에	**how many people** 몇 명의 사람들
what time 몇 시	**chicken** 닭고기	

2. 대화를 듣고, 남자가 할 일로 가장 적절한 것을 고르세요. 09-07

① 공 차기
② 바닥 청소하기
③ 친구 집에서 놀기
④ 숙제 하기

Note-Taking

 필수 어휘 09-08

broke 깨뜨렸다	**flower vase** 꽃병	**What happened?** 무슨 일이 있었니?
kicked 발로 찼다	**anyway** 어쨌든	**clean up** 청소하다

3. 대화를 듣고, 여자가 할 일로 가장 적절한 것을 고르세요. 09-09

① 야구공 사기
② 테니스 연습하기
③ 운동장 빌리기
④ 탁구 연습 열심히 하기

Note-Taking

필수 어휘  09-10

table tennis 탁구	**sometimes** 가끔	**be good at** ~을 잘하다
need to ~ 하는 게 필요하다	**practice** 연습하다	**hard** 열심히

4. 대화를 듣고, 여자가 할 일로 가장 적절한 것을 고르세요. 09-11

① 자전거 사주기
② 생일 파티 열어주기
③ 생일 선물 고르기
④ 함께 자전거 타기

Note-Taking

필수 어휘  09-12

birthday 생일	**present** 선물	**bicycle** 자전거
ride 타다	**after school** 방과 후에	

다음 대화를 듣고 빈칸을 채워 쓰세요. 09-13~15

1

M : I'm very ____________, mom.

W : What's up?

M : I broke your flower ____________.

W : What ____________?

M : I played with my friend in the house, and I ____________ the vase. ____________, I will buy a new vase.

W : Oh, that's fine. Just ____________ up the floor.

2

M : What ____________ do you like?

W : I like ____________ tennis.

M : Can you play it?

W : Yes. ____________ I play it with my friends.

M : Are you ____________ at table tennis?

W : No. I need to ____________ it ____________.

3

W : What do you want for your birthday ____________?

M : How about a bicycle?

W : Do you have ____________ to ride it?

M : Yes, I can ride it ____________ school.

W : Okay. I will ____________ you a bicycle.

M : ____________ a lot.

필수 어휘 복습하기

A 빈칸에 들어갈 알맞은 말을 보기에서 골라 쓰세요.

ride	sounds	deliver

1.

A: I will go hiking tomorrow.

B: That ＿＿＿＿＿＿＿＿ fun!

2.

A: How do you get to the station?

B: I ＿＿＿＿＿＿＿＿ a taxi sometimes.

3.

A: How can I help you?

B: Please ＿＿＿＿＿＿＿＿ this package to my office.

B 빈칸에 들어갈 알맞은 말을 보기에서 골라 쓰세요.

else	today	hard

1. What's the date ＿＿＿＿＿＿＿＿?

2. I want to be an English teacher so I study English ＿＿＿＿＿＿＿＿.

3. Can you show me anything ＿＿＿＿＿＿＿＿?

 NEAT 실전 문제 유형을 풀어보세요.  09-16

국가영어능력평가시험 

대화를 듣고, 남자가 할 일로 가장 적절한 것을 고르시오.

① 미술관 관람하기
② 휴가 계획 세우기
③ 제주도 여행 가기
④ 음악회 가기

국가영어능력평가시험

대화를 듣고, 여자가 할 일로 가장 적절한 것을 고르시오.

① 치마 입어보기
② 책 고르기
③ 음식 주문하기
④ 백화점 가기

Unit 10 이유 찾기

 **A** 대화를 듣고, 남자가 기뻐하는 이유로 가장 적절한 것을 고르세요.  10-01

① 축구 시합에서 이겨서

② 수학 시험에서 만점을 받아서

③ 중간고사가 끝나서

④ 영어 시험이 쉬워서

Note-Taking
➡

 다시 한번 듣고 다음의 질문에 답하세요.

1. 남자가 한 말의 내용과 일치하면 T 에, 일치하지 않으면 F 에 체크하세요.

① I took a math test today.　　　　T　F

② The test was difficult for me.　　T　F

2. 남자가 기뻐하는 이유가 가장 잘 드러난 부분을 고르세요.

① I got a perfect score.

② I like math.

 10-02

What's going on? 무슨 일이 일어나고 있니?　　　　**took a test** 시험을 보았다
perfect 완벽한　　　　**score** 점수　　　　**Congratulations.** 축하해.

B 대화를 듣고, 여자가 영화를 볼 수 없는 이유로 가장 적절한 것을 고르세요.  10-03

① 컴퓨터가 없어서

② 영화 표가 매진되어서

③ 좋아하는 영화가 없어서

④ 컴퓨터가 작동하지 않아서

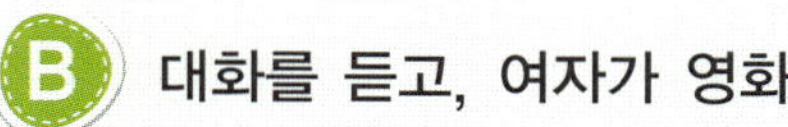

Note-Taking

→

 다시 한번 듣고 다음의 질문에 답하세요.

1. 여자가 한 말의 내용과 일치하면 T 에, 일치하지 않으면 F 에 체크하세요.

① I am trying to watch a movie.　　　　T　F

② My computer is brand new.　　　　T　F

2. 여자가 영화를 보지 못하는 이유가 가장 잘 드러난 부분을 고르세요.

① I don't have time today.

② My computer is not working.

 필수 어휘　10-04

trying to ～하려고 시도하는　　**Why not?** 왜 안되나요?　　**not working** 작동하지 않는
I see. 알겠어요.

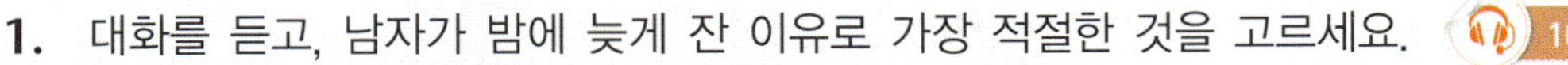

1. 대화를 듣고, 남자가 밤에 늦게 잔 이유로 가장 적절한 것을 고르세요. 

① 늦게까지 TV를 보아서

② 늦게까지 하늘에 있는 별을 보아서

③ 늦게까지 아빠와 공부해서

④ 늦게까지 숙제를 해서

Note-Taking
➡

tired 피곤한	**went to bed** 자러 갔다	**last night** 어젯밤
star 별	**There were ~.** ~들이 있었다.	**in the sky** 하늘에

2. 대화를 듣고, 여자에게 새 휴대전화가 생긴 이유로 가장 적절한 것을 고르세요. 

① 엄마를 도와드려서

② 휴대전화가 고장 나서

③ 시험을 잘 봐서

④ 휴대전화를 잃어버려서

Note-Taking
➡

got 받았다	**smart phone** 스마트폰	**buy** 사주다
gave 주었다	**gift** 선물	**Good for you.** 잘됐네요.

3. 다음을 듣고, 내일 학교 수업이 없는 이유로 가장 적절한 것을 고르세요.  10-09

① 학교가 공사 중이어서

② 개교기념일이어서

③ 학교 소풍을 가서

④ 공휴일이어서

 필수 어휘　10-10

have no class 수업이 없다　　**school picnic** 학교 소풍　　**excited** 신나는

4. 다음을 듣고, 여자가 집에 가려는 이유로 가장 적절한 것을 고르세요. 10-11

① 비가 너무 많이 와서

② 바람이 너무 세게 불어서

③ 바깥이 너무 추워서

④ 장갑을 가지러 가기 위해서

 필수 어휘　10-12

p.m. 오후　　**in the snow** 눈 속에서　　**not ~ any more** 더 이상 ~이 아니다
go into ~안으로 가다　　**drink** 마시다　　**warm** 따뜻한

다음을 듣고 빈칸을 채워 쓰세요. 🎧 10-13~15

1

W : You ____________ tired today.

M : I went to bed ____________ last night.

W : Oh, really? Why?

M : I was watching ____________ with my dad.

W : Did you see many ____________ stars?

M : Yes. ____________ were many stars in the ____________ .

2

M : Wow! You ____________ a new cell phone.

W : Yes! I got this ____________ phone from my mom.

M : ____________ did your mom ____________ it for you?

W : I ____________ my mom so she gave this to me as a ____________ .

M : Good for you.

3

W : It is 3 p.m. now. We are playing in the ____________ . But I ____________ play outside any ____________ . It is ____________ cold outside. So I will go into my house. I want to ____________ hot chocolate. Then I'll feel ____________ .

 필수 어휘 복습하기

A 빈칸에 들어갈 알맞은 말을 보기에서 골라 쓰세요.

take a test	is not working	have no class

1.

A: You study very hard!

B: I need to ________________ tomorrow.

2.

A: Why are you home at this time?

B: Because I ________________ today.

3.

A: My computer ________________ .

B: Let me check it.

B 빈칸에 들어갈 알맞은 말을 보기에서 골라 쓰세요.

perfect	excited	warm

1. Are you ____________ to hear the news?

2. This park is a ____________ place for a picnic.

3. The weather is ____________ in spring.

 NEAT 실전 문제 유형을 풀어보세요.  10-16

국가영어능력평가시험 

대화를 듣고, 남자가 수영장에 가고 싶지 않은 이유로 가장 적절한 것을 고르시오.

① 수영을 할 줄 몰라서

② 수영하고 나면 너무 늦어서

③ 수영을 좋아하지 않기 때문에

④ 수영할 시간이 없어서

 **NEAT** 실전 문제 유형을 풀어보세요.  10-17

국가영어능력평가시험

대화를 듣고, 남자가 여름을 좋아하지 않는 이유로 가장 적절한 것을 고르시오.

① 비가 너무 많이 와서

② 여름방학이 있어서

③ 땀을 너무 많이 흘려서

④ 축구를 할 수 없어서

OPEN NEAT

묘사 대상 찾기

차례

유형 미리 보기 – 묘사 대상 찾기

1 문제 보기 🎧 11-01

다음을 듣고, 각 그림과 그에 대한 설명이 일치하는 것을 고르시오.

①　②　③　④

[Script]

One.　The boy is kicking a ball.
Two.　The boy is standing in the park.
Three.　The girl is watching TV.
Four.　The boy is sitting on the bed.

2 문제 풀이

- 해석: ① 소년이 공을 차고 있다.
  ② 소년이 공원에 서있다.
  ③ 소녀가 TV를 보고 있다.
  ④ 소년이 침대에 앉아 있다.

- 정답: 그림과 듣기 내용이 일치하는 것은 ①번입니다.

3 문제 파고 들기

① 묘사 대상 찾기란 어떤 문제인가요?

- 대화나 담화를 듣고, 주어진 그림, 실용문, 도표, 지도 등의 시각 정보에서 특정 세부 내용을 찾는 문제입니다.

② 묘사 대상 찾기에는 어떤 지시문들이 나오나요?

- 다음을 듣고, 그림과 그에 대한 설명이 일치하지 <u>않는</u> 것을 고르시오.
- 대화를 듣고, 그림에서 대화의 내용과 일치하지 <u>않는</u> 부분을 고르시오.
- 대화를 듣고, TV 편성표에서 두 사람이 보기로 한 프로그램을 고르시오.
- 대화를 듣고, 영화 시간표에서 두 사람이 보기로 한 영화 시간을 고르시오.
- 대화를 듣고, 그림에서 우체국의 위치를 고르시오.

4 문제 해결하기

① 그림 고르기의 경우, 그림 속의 동작 또는 상태가 들려주는 내용과 일치하는지, 일치하지 않는지 잘 듣고 정답을 고르세요.

② 그림 일치/불일치 찾기의 경우, 그림에 있는 내용이 들려주는 정보와 일치하는지, 일치하지 않는지 잘 듣고 정답을 고르세요.

③ 일기예보, 영화 시간표, 메뉴판 등의 실용문이 나오는 경우, 문제가 나오기 전 먼저 찾아야 할 정보가 무엇인지를 파악하고 표에 어떤 정보들이 들어있는지 빠르게 훑어보세요. 또한 평소에 여러 종류의 실용문을 익혀 필요한 정보를 신속하게 파악하는 연습을 하세요.

④ 지도에서 위치를 찾는 문제의 경우, 문제의 내용을 귀로 들으면서 눈으로는 지도를 잘 살펴 현재의 위치와 목적지의 위치를 파악하는데 주목하세요. 또한 평소에 위치와 방향에 관한 표현을 많이 알아두세요.

Unit 11 그림 고르기

 **리스닝 해법**

A 다음을 듣고, 각 그림과 그에 대한 설명이 일치하는 것을 고르세요.  11-02

①  ②  ③  ④ 

 다시 한번 듣고 다음의 질문에 답하세요.

1. 각 그림과 일치하는 문장이 되도록 보기에서 알맞은 말을 골라 밑줄 친 부분을 고치세요. 그림과 일치하는 문장에는 OK라고 쓰세요.

> swimming   talking on the phone   playing the piano

① The boy is <u>playing the violin</u>. ________________________

② The girl is <u>skiing</u>. ________________________

③ The girl is <u>reading a book</u>. ________________________

④ The boy is <u>taking a shower</u>. ________________________

 **필수 어휘** 11-03

play the violin 바이올린을 연주하다　　**ski** 스키를 타다　　**take a shower** 샤워를 하다
talk on the phone 전화 통화하다　　**play the piano** 피아노를 연주하다

B 다음을 듣고, 각 그림과 그에 대한 설명이 일치하는 것을 고르세요. 🎧 11-04

①  ②  ③  ④ 

 해법 전략 문제 다시 한번 듣고 다음의 질문에 답하세요.

1. 각 그림과 일치하는 문장이 되도록 보기에서 알맞은 말을 골라 밑줄 친 부분을 고치세요. 그림과 일치하는 문장에는 OK라고 쓰세요.

glasses	on the street	a bicycle

① The girl is running <u>in the park</u>. ______________________

② The girl is playing <u>with dolls</u>. ______________________

③ The boy is riding <u>a bus</u>. ______________________

④ The girl is wearing <u>a hat</u>. ______________________

필수 어휘 🎧 11-05

street 거리	**doll** 인형	**ride** 타다
wear (모자, 안경 등을) 쓰다	**hat** 챙이 넓은 모자	**glasses** 안경

1. 다음을 듣고, 각 그림과 그에 대한 설명이 일치하는 것을 고르세요.  11-06

①   ②   ③   ④

Note-Taking

 필수 어휘  11-07

get on (탈 것에) 타다   **subway** 지하철   **hold** 들고 있다

2. 다음을 듣고, 각 그림과 그에 대한 설명이 일치하는 것을 고르세요.  11-08

①   ②   ③   ④

Note-Taking

필수 어휘  11-09

put on 옷을 입다   **clothes** 옷   **garden** 정원

3. 다음을 듣고, 각 그림과 그에 대한 설명이 일치하지 <u>않는</u> 것을 고르세요.  11-10

①   ②   ③   ④

Note-Taking 

필수 어휘  11-11

write 쓰다   **board** 칠판   **water** 물을 주다
sell 팔다   **supermarket** 수퍼마켓

4. 다음을 듣고, 각 그림과 그에 대한 설명이 일치하지 <u>않는</u> 것을 고르세요.  11-12

①   ②   ③   ④

Note-Taking 

필수 어휘  11-13

type 타자를 치다   **keyboard** 컴퓨터 자판   **play tennis** 테니스를 치다

다음을 듣고 빈칸을 채워 쓰세요. 11-14~16

1 M

One: The girl is ＿＿＿＿＿＿ in the park.

Two: The boy is ＿＿＿＿＿＿ ＿＿＿＿＿＿ the subway.

Three: The girl is ＿＿＿＿＿＿ the computer.

Four: The boy is ＿＿＿＿＿＿ a bag.

2 W

One: The woman is ＿＿＿＿＿＿ ＿＿＿＿＿＿ her clothes.

Two: The girl is ＿＿＿＿＿＿ in the garden.

Three: The boy is ＿＿＿＿＿＿ a desk.

Four: The girl is ＿＿＿＿＿＿ in the water.

3 W

One: She is ＿＿＿＿＿＿ on the board.

Two: He is ＿＿＿＿＿＿ the flowers.

Three: He is ＿＿＿＿＿＿ ice cream.

Four: She is ＿＿＿＿＿＿ food in the supermarket.

 필수 어휘 복습하기

A 빈칸에 들어갈 알맞은 말을 보기에서 골라 쓰세요.

water	ski	sell

1. 

A: What is your favorite sport in winter?

B: I love to _____________ in winter.

2. 

A: What kinds of clothes do you have?

B: We _____________ all kinds of clothes.

3. 

A: How do you keep the plants young and fresh?

B: I _____________ them every day.

B 빈칸에 들어갈 알맞은 말을 보기에서 골라 쓰세요.

hat	board	subway

1. What is the man writing on the _____________?

2. She is wearing a _____________ in the sun.

3. My dad takes the _____________ to work.

A NEAT 실전 문제 유형을 풀어보세요.   11-17

국가영어능력평가시험

대화를 듣고, 내용과 일치하는 것을 고르시오.

①   ②   ③   ④

국가영어능력평가시험

대화를 듣고, 내용과 일치하지 <u>않는</u> 것을 고르시오.

①   ②   ③   ④

Unit 12

일치 / 불일치 찾기

A 다음을 듣고, 광고문에서 대화의 내용과 일치하지 <u>않는</u> 것을 고르세요.  12-01

 다시 한번 듣고 다음의 질문에 답하세요.

1. 무엇에 관한 광고문인지 가장 적절한 것을 고르세요.

① a water park

② an amusement park

2. 남자가 한 말의 내용과 일치하면 T 에, 일치하지 않으면 F 에 체크하세요.

① We can swim in the indoor pool.　　T　F

② It is in Incheon.　　T　F

 12-02

free shuttle bus 무료셔틀버스	**outdoor** 야외의	**pool** 수영장
water slide 수영장 미끄럼틀	**water park** 워터 파크	**amusement park** 놀이공원

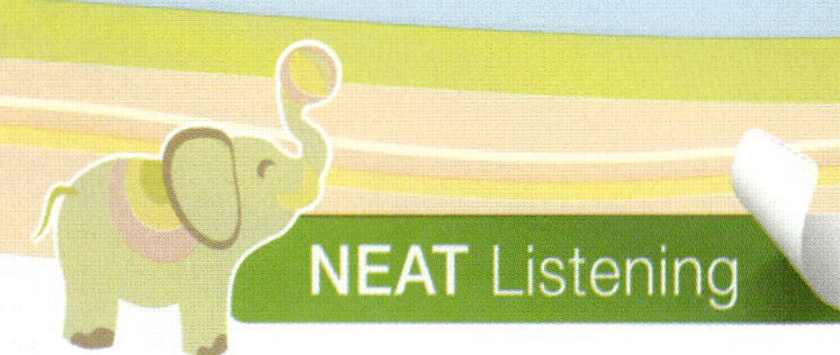

B 다음을 듣고, 그림에서 담화의 내용과 일치하지 <u>않는</u> 부분을 고르세요. 🎧 12-03

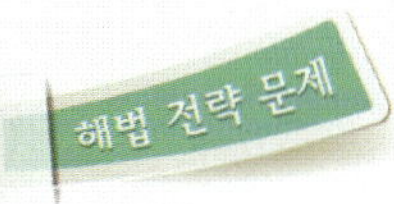 다시 한번 듣고 다음의 질문에 답하세요.

1. 무엇에 관한 내용인지 가장 적절한 것을 고르세요.

① a family trip

② a school trip

2. 여자가 한 말의 내용과 일치하면 T 에, 일치하지 않으면 F 에 체크하세요.

① There is a swimming pool inside the hotel.　　T　F

② There is a bench near the waterfall.　　T　F

 필수 어휘 🎧 12-04

family trip 가족 여행	**waterfall** 폭포	**mountain** 산
stay at ～에 머물다	**near** ～ 가까이	

1. 다음 대화를 듣고, 광고문에서 대화의 내용과 일치하지 <u>않는</u> 것을 고르세요.  12-05

Science for Kids

① Science Museum
② For children
③ Many pictures, stories and cartoons
④ Eight thousand won

필수 어휘  12-06

science 과학	**museum** 박물관	**magazine** 잡지
children 아이들	**cartoon** 만화	**thousand** (숫자) 천

2. 다음을 듣고, 점심 메뉴에서 담화의 내용과 일치하지 <u>않는</u> 것을 고르세요. 12-07

필수 어휘 12-08

Monday 월요일	**Tuesday** 화요일	**Wednesday** 수요일
Thursday 목요일	**rice** 밥	**carrot** 당근

3. 다음 대화를 듣고, 그림에서 대화의 내용과 일치하지 <u>않는</u> 부분을 고르세요.  12-09

필수 어휘 12-10

climb 오르다	**also** 또한	**walking** 걷고 있는
giraffe 기린	**rock** 바위	**interesting** 흥미로운

4. 다음을 듣고, 그림과 그에 대한 설명이 일치하지 <u>않는</u> 부분을 고르세요.  12-11

필수 어휘 12-12

school supplies 학용품	**pencil case** 필통	**cheap** 저렴한
cost 값이 ~다	**only** 겨우	**ruler** 자

다음을 듣고 빈칸을 채워 쓰세요. 12-13~15

1

W : Dad, look at this!

M : What is it?

W : A science ___________ for children.

M : It looks very ___________ .

W : Yes, it has many ___________ , stories and cartoons.

M : How ___________ is it?

W : It is ___________ thousand won.

M : Okay. I will ___________ it for you.

2

W : ___________ is the school lunch schedule. On ___________ , we ___________ pizza and fruit. On ___________ , we have chicken and potatoes. On ___________ , we have chicken soup and rice. And on ___________ , we have curry rice and carrots.

3

M : This store has good ___________ supplies. I will buy a pencil ___________ . It is ten dollars for a pencil case. I need a school bag, too. It is ___________ dollars. Pencils are ___________ . A pencil ___________ only one dollar. And I need to buy a ___________ . It costs three dollars.

필수 어휘 복습하기

A 빈칸에 들어갈 알맞은 말을 보기에서 골라 쓰세요.

mountain	rice	cartoon

1. 

   A: Do you want some more ______________?

   B: Yes, please.

2. 

   A: Where are they now?

   B: They are on the top of the ______________.

3. 

   A: What are you reading?

   B: I'm reading a ______________.

B 빈칸에 들어갈 알맞은 말을 보기에서 골라 쓰세요.

thousand	school supplies	magazine

1. Students have many kinds of ________________ in their school bags.

2. I like science, so I read a science ________________ every month.

3. A ________________ people visit this museum each year.

A NEAT 실전 문제 유형을 풀어보세요.  12-16

국가영어능력평가시험

다음을 듣고, 일기예보에서 담화의 내용과 일치하지 <u>않는</u> 것을 고르시오.

국가영어능력평가시험 

다음 대화를 듣고, 공원과 관련하여 대화의 내용과 일치하지 <u>않는</u> 부분을 고르시오.

OPEN NEAT

실전 유형 평가

1 여자의 말과 이에 대한 세 가지 반응을 듣고, 가장 적절한 것을 고르시오.  13-01

①

②

③

2 남자의 말과 이에 대한 세 가지 반응을 듣고, 가장 적절한 것을 고르시오. 13-02

①

②

③

3 여자의 말과 이에 대한 세 가지 반응을 듣고, 가장 적절한 것을 고르시오. 13-03

①

②

③

4 대화를 듣고, 남자가 여자에게 요청한 일로 가장 적절한 것을 고르시오. 

① 학급을 위해 최선을 다 해달라.
② 급우들을 잘 보살펴 달라.
③ 학급 분위기를 좋게 만들어 달라.
④ 급우들과 사이좋게 지내라.

5 대화를 듣고, 여자가 주장하는 것으로 가장 적절한 것을 고르시오. 

① 늦게까지 공부를 해야 한다.
② 피곤하면 잠을 자는 것이 좋다.
③ 잠을 충분히 자는 것이 건강에 좋다.
④ 일찍 일어나는 습관을 갖는 것이 좋다.

6 대화를 듣고, 대화의 요지로 가장 적절한 것을 고르시오. 

① 야구는 위험한 경기다.
② 야구를 하면 건강이 좋아진다.
③ 야구는 인기 있는 스포츠다.
④ 야구는 친구를 사귀기에 좋다.

7 다음을 듣고, 그림과 그에 대한 설명이 일치하는 것을 고르시오.  13-07

①    ②    ③    ④ 

8 다음을 듣고, 그림에서 일기예보의 내용과 일치하지 <u>않는</u> 부분을 고르시오. 13-08

9 다음을 듣고, 무엇에 관한 설명인지 고르시오. 13-09

① 새로운 피자 메뉴
② 새로운 피자 가게
③ 모든 피자의 가격
④ 피자 할인 판매 이벤트

10 대화를 듣고, 여자가 대화 직후 할 일로 가장 적절한 것을 고르시오.  13-10

① 남자에게 음료수 주기
② 남자를 공항까지 태워다 주기
③ 남자에게 전화하기
④ 남자가 짐 옮기는 것을 도와주기

11 대화를 듣고, 남자가 여자에게 걸어서 등교하자고 하는 이유로 가장 적절한 것을 고르시오. 13-11

① 함께 공부하기 위해
② 함께 아침을 먹기 위해서
③ 걷는 것은 좋은 운동이 되기 때문에
④ 버스 요금을 절약하기 위해서

13-12

12 다음을 듣고, 여자가 놀이 공원에서 할 일로 언급한 내용과 일치하는 <u>않는</u> 것을 고르시오.

① 많은 놀이기구를 탈 것이다.
② 물이 튀기는 미끄럼틀을 탈 것이다.
③ 롤러코스터를 탈 것이다.
④ 회전목마를 탈 것이다.

MEMO

OPEN NEAT

National English Ability Test

LISTENING

Level ①

정답 및 해석

Part 1 적절한 응답 찾기

Unit 01 Be동사로 시작하는 질문에 응답하기

표현 연습
pp.14-15

A	1. am	2. aren't	3. is	
B	1. ③	2. ②	3. ①	4. ①

A

1. A: Are you a teacher?
   B: Yes, I <u>am</u>.

   A: 당신은 선생님인가요?
   B: 네, 그래요.

2. A: Are these pencils expensive?
   B: No, they <u>aren't</u>.

   A: 이 연필들은 비싼가요?
   B: 아뇨, 그렇지 않아요.

3. A: Is Jack young?
   B: Yes, he <u>is</u>.

   A: 잭(Jack)은 어린가요?
   B: 네, 그래요.

B

1. Are you in the office?
   ① Yes, it is.
   ② No, she isn't.
   ③ Yes, we are.

   당신들은 사무실에 있나요?
   ① 네, 그것은 있어요.
   ② 아뇨, 그녀는 없어요.
   ③ 네, 우리는 있어요.

2. Is your book on the table?
   ① Yes, we are.
   ② Yes, it is.
   ③ No, he isn't.

   당신의 책은 탁자 위에 있나요?
   ① 네, 우리는 탁자 위에 있어요.
   ② 네, 그것은 탁자 위에 있어요.
   ③ 아뇨, 그는 탁자 위에 없어요.

3. Are the questions easy?
   ① Yes, they are.
   ② No, we aren't.
   ③ Yes, he is.

   그 문제들은 쉬운가요?
   ① 네, 쉬워요.
   ② 아뇨, 우리는 쉽지 않아요.
   ③ 네, 그는 쉬워요.

4. Is the flower beautiful?
   ① Yes, it is.
   ② No, they aren't.
   ③ Yes, I am.

   그 꽃은 아름다운가요?
   ① 네, 그것은 아름다워요.
   ② 아뇨, 그들은 아름답지 않아요.
   ③ 네, 저는 아름다워요.

실전 유형 대비하기
pp.16-17

A	1. ②	2. ①	3. ③	4. ①
B	1. ①	2. ②	3. ③	4. ①

A

1. Is he your teacher?
   ① Yes, I am.
   ② No, he isn't my teacher.
   ③ No, he isn't a doctor.

   그는 당신 선생님인가요?
   ① 네, 저는 그렇습니다.

② 아뇨, 그는 제 선생님이 아닙니다.
③ 아뇨, 그는 의사가 아닙니다.

2. Are you at the hospital?
　① Yes, I am at the hospital.
　② No, I am not at the post office.
　③ Yes, we are at school.

　당신은 병원에 있나요?
　① 네, 저는 병원에 있어요.
　② 아뇨, 저는 우체국에 있지 않아요.
　③ 네, 우리는 학교에 있어요.

3. Is this your cat?
　① No, we are not cats.
　② Yes, they are cats.
　③ Yes, it is my cat.

　이 고양이는 당신의 고양이인가요?
　① 아뇨, 우리는 고양이가 아니에요.
　② 네, 그들은 고양이입니다.
　③ 네, 그것은 제 고양이입니다.

4. Are the puppies on the sofa?
　① Yes, they are on the sofa.
　② No, it's on the table.
　③ Yes, he is on the sofa.

　강아지들이 소파 위에 있나요?
　① 네, 그들은 소파 위에 있어요.
　② 아뇨, 그것은 탁자 위에 있어요.
　③ 네, 그는 소파 위에 있어요.

B

1. Is your father at home?
　① Yes, he is at home.
　② He doesn't live here.
　③ No, he isn't a teacher.

　당신 아버지는 집에 있나요?
　① 네, 그는 집에 있어요.
　② 그는 여기 살지 않아요.
　③ 아뇨, 그는 선생님이 아니에요.

2. Are you good at English?
　① Yes, it is good.
　② No, I am not good at English.
　③ I study English hard.

　당신은 영어를 잘하나요?
　① 네, 그것은 좋아요.
　② 아뇨, 저는 영어를 잘하지 못해요.
　③ 저는 영어 공부를 열심히 해요.

3. Are these computers new?
　① Yes, I am new.
　② I have two computers.
　③ No, they are not new.

　이 컴퓨터들은 새것인가요?
　① 네, 저는 새로 온 사람입니다.
　② 저는 컴퓨터를 두 대 가지고 있어요.
　③ 아뇨, 새것이 아닙니다.

4. Is your mother busy now?
　① Yes, she is.
　② Yes, she is sick.
　③ Yes, I love her.

　당신 어머니는 지금 바쁜가요?
　① 네, 그래요.
　② 네, 그녀는 아파요.
　③ 네, 저는 그녀를 사랑해요.

1. Are, hospital, am
2. Are, puppies, they
3. Is, home, he, at
4. Are, good, not, English
5. these, new, they, not

1. M: <u>Are</u> you at the <u>hospital</u>?
　 W: Yes, I <u>am</u> at the hospital.

　 남: 당신은 병원에 있나요?
　 여: 네, 저는 병원에 있어요.

2. M: <u>Are</u> the <u>puppies</u> on the sofa?

   W: Yes, <u>they</u> are on the sofa.

   남: 강아지들이 소파 위에 있나요?
   여: 네, 그들은 소파 위에 있어요.

3. W: <u>Is</u> your father at <u>home</u>?

   M: Yes, <u>he</u> is <u>at</u> home.

   여: 당신 아버지는 집에 있나요?
   남: 네, 그는 집에 있어요.

4. W: <u>Are</u> you <u>good</u> at English?

   M: No, I am <u>not</u> good at <u>English</u>.

   여: 당신은 영어를 잘하나요?
   남: 아뇨, 저는 영어를 잘하지 못해요.

5. W: Are <u>these</u> computers <u>new</u>?

   M: No, <u>they</u> are <u>not</u> new.

   여: 이 컴퓨터들은 새것인가요?
   남: 아뇨, 그것들은 새것이 아닙니다.

필수 어휘 복습하기

p.19

A 1. easy 2. sick 3. busy

B 1. student 2. puppies 3. question

A

1. A: Are the questions difficult?
   B: No, they are <u>easy</u> for me.

   A: 이 질문들은 어려운가요?
   B: 아뇨, 그것들은 저에게는 쉬워요.

2. A: Why is the girl in the hospital?
   B: Because she is <u>sick</u>.

   A: 그 소녀는 왜 병원에 있나요?
   B: 그녀가 아프기 때문이에요.

3. A: Can I have lunch with you now?
   B: Sorry, but I can't. I am <u>busy</u> now.

   A: 지금 당신과 점심을 먹을 수 있을까요?
   B: 미안하지만, 안 되겠어요. 제가 지금 바빠서요.

B

1. Are you a <u>student</u> in this school?
2. I live with two pet <u>puppies</u>.
3. You can ask me a <u>question</u>. I can help you.

1. 당신은 이 학교 학생인가요?
2. 저는 애완용 강아지 두 마리와 함께 살아요.
3. 제게 질문을 해도 좋아요. 제가 도와줄게요.

단원 평가

pp.20-21

A ②   **B** ③

A

W: Is the sun round?

M: ________________________________

   ① I like summer.
   ② Yes, it is round.
   ③ Yes, it is sunny today.

여: 태양은 둥근가요?

남: ________________________________

   ① 나는 여름을 좋아해요.
   ② 네, 둥글어요.
   ③ 네, 오늘은 날씨가 맑아요.

필수 어휘

sun 태양 / round 둥근 / summer 여름 / sunny 화창한 /
today 오늘

해설

'태양이 둥근지 아닌지'를 묻는 be동사 Yes / No 질문이므로
'네, 둥글어요.'라는 ②번이 정답입니다.

B

M: Is she your sister?

W: ________________________________

   ① No, I'm not.
   ② She is tall.
   ③ Yes, she is my sister.

남: 그녀는 당신 여동생인가요?

여: _______________________________

　　① 아뇨, 저는 아니에요.

　　② 그녀는 키가 커요.

　　③ 네, 그녀는 제 여동생이에요.

your 당신의 / sister 여자 자매 / tall 키 큰

'그녀는 당신의 여동생인지'를 묻는 be동사 Yes / No 질문이
므로 '네, 그녀는 제 여동생이에요.'라는 ③번이 정답입니다.

Unit 02 — Do 동사로 시작하는 질문에 응답하기

표현 연습　　　　　　　　　　　　　　pp.22-23

A 1. does　　2. doesn't　3. do

B 1. ①　　2. ③　　3. ③　　4. ②

A

1. A: Does Sumi study hard?
   B: Yes, she <u>does</u>.

   A: 수미는 열심히 공부하나요?
   B: 네, 그래요.

2. A: Does she drink coffee?
   B: No, she <u>doesn't</u>.

   A: 그녀는 커피를 마시나요?
   B: 아뇨, 마시지 않아요.

3. A: Do you like sports?
   B: Yes, I <u>do</u>.

   A: 당신은 스포츠를 좋아하나요?
   B: 네, 그래요.

B

1. Do you like math?
   ① Certainly.
   ② No, I am not.
   ③ Yes, I does.

   당신은 수학을 좋아하나요?
   ① 그럼요.
   ② 아뇨.
   ③ 네.

2. Does she like traveling?
   ① Yes, she is.
   ② No, she isn't.
   ③ Yes, she does.

   그녀는 여행을 좋아하나요?
   ① 네.
   ② 아뇨.
   ③ 네, 좋아해요.

3. Do your friends play Internet games?
   ① Yes, they are.
   ② No, they doesn't.
   ③ Yes, they do.

   당신 친구들은 인터넷 게임을 하나요?
   ① 네.
   ② 아뇨.
   ③ 네, 해요.

4. Does she enjoy cooking?
   ① Yes, she is.
   ② No, she doesn't.
   ③ Yes, she do.

   그녀는 요리를 즐겨 하나요?
   ① 네.
   ② 아뇨, 그렇지 않아요.
   ③ 네.

| **A** 1. ① | 2. ③ | 3. ② | 4. ③ |
| **B** 1. ① | 2. ③ | 3. ② | 4. ① |

A

1. Do you like to study English?
   ① Certainly, I do.
   ② No, I am not an English teacher.
   ③ Yes, he goes to school.

   당신은 영어 공부하는 것을 좋아하나요?
   ① 물론, 좋아해요.
   ② 아뇨, 전 영어 교사가 아니에요.
   ③ 네, 그는 학교에 가요.

2. Do they often play baseball?
   ① No, I don't play baseball.
   ② Yes, they are.
   ③ Yes, they often play baseball.

   그들은 종종 야구를 하나요?
   ① 아뇨, 나는 야구를 하지 않아요.
   ② 네, 그래요.
   ③ 네, 그들은 종종 야구를 해요.

3. Does she go shopping every day?
   ① Yes, she is my mother.
   ② No, she doesn't.
   ③ No, I don't.

   그녀는 매일 쇼핑을 가나요?
   ① 네, 그녀는 우리 엄마예요.
   ② 아뇨, 그렇지 않아요.
   ③ 아뇨, 저는 안 그래요.

4. Does Jinsu watch TV late?
   ① Yes, I like it.
   ② Yes, he gets up early.
   ③ No, he doesn't watch TV late.

   진수는 늦게까지 TV를 보나요?
   ① 네, 저는 그것을 좋아해요.
   ② 네, 그는 일찍 일어나요.
   ③ 아뇨, 그는 늦게까지 TV를 보지 않아요.

B

1. Do you get up early?
   ① Yes, I do.
   ② It's 7 o'clock.
   ③ Sure, I go to school early.

   당신은 일찍 일어나나요?
   ① 네, 그래요.
   ② 7시입니다.
   ③ 물론이에요, 저는 일찍 학교에 가요.

2. Does Jinsu come to school late?
   ① No, he is not here.
   ② He comes back home late.
   ③ No, he doesn't.

   진수는 학교에 늦게 오나요?
   ① 아뇨, 그는 여기 없어요.
   ② 그는 집에 늦게 와요.
   ③ 아뇨, 그렇지 않아요.

3. Do you want to take a break?
   ① No, it's not.
   ② Sure. I do.
   ③ I listen to music.

   당신은 쉬고 싶나요?
   ① 아뇨, 아니에요.
   ② 물론, 그러고 싶어요.
   ③ 저는 음악을 들어요.

4. Does he like sports?
   ① Yes, he likes sports very much.
   ② No, he is not a player.
   ③ He doesn't like homework.

   그는 스포츠를 좋아하나요?
   ① 네, 그는 스포츠를 무척 좋아해요.
   ② 아뇨, 그는 선수가 아니에요.
   ③ 그는 숙제를 좋아하지 않아요.

1. Do, study, do
2. Do, baseball, often
3. Does, shopping, doesn't
4. Does, late, doesn't
5. Does, sports, likes

1. A: <u>Do</u> you like to <u>study</u> English?
   B: Certainly, I <u>do</u>.

   A: 당신은 영어 공부하는 것을 좋아하나요?
   B: 물론, 좋아해요.

2. A: <u>Do</u> they often play <u>baseball</u>?
   B: Yes, they <u>often</u> play baseball.

   A: 그들은 종종 야구를 하나요?
   B: 네, 그들은 종종 야구를 해요.

3. A: <u>Does</u> she go <u>shopping</u> every day?
   B: No, she <u>doesn't</u>.

   A: 그녀는 매일 쇼핑을 가나요?
   B: 아뇨, 그렇지 않아요.

4. A: <u>Does</u> Jinsu come to school <u>late</u>?
   B: No, he <u>doesn't</u>.

   A: 진수는 학교에 늦게 오나요?
   B: 아뇨, 그는 학교에 일찍 와요.

5. A: <u>Does</u> he like <u>sports</u>?
   B: Yes, he <u>likes</u> sports very much.

   A: 그는 스포츠를 좋아하나요?
   B: 네, 그는 스포츠를 무척 좋아해요.

A 1. go shopping   2. play baseball
    3. take a break

B 1. often   2. late   3. early

A

1. A: What do you want to do on Sunday?
   B: I want to <u>go shopping</u> for my shoes.

   A: 일요일에 무엇을 하고 싶니?
   B: 나는 신발 사러 쇼핑을 가고 싶어요.

2. A: What is your hobby?
   B: I like to <u>play baseball</u>.

   A: 당신의 취미는 무엇인가요?
   B: 나는 야구 하는 것을 좋아해요.

3. A: You look tired.
   B: Yes, I want to <u>take a break</u>.

   A: 피곤해 보이는구나.
   B: 네, 쉬고 싶어요.

B

1. I love animals so I <u>often</u> go to the zoo.
2. I have a lot of homework so I need to study <u>late</u> tonight.
3. I wake up <u>early</u> because I have a morning class.

1. 나는 동물을 사랑해요. 그래서 종종 동물원에 가요.
2. 나는 숙제가 많아서 오늘밤 늦게까지 공부해야 해요.
3. 아침 수업이 있어서 나는 일찍 일어나요.

A ③   **B** ①

A

W: Does your brother get up early in the morning?
M: _______________________

    ① He is my brother.
    ② Yes, I do.
    ③ No, he doesn't get up early.

여: 당신 형은 아침에 일찍 일어나나요?
남: _______________________

    ① 그는 우리 형이에요.

② 네, 저는 그래요.
③ 아뇨, 그는 일찍 일어나지 않아요.

필수 어휘

brother 남자 형제 / get up 일어나다 / early 일찍 /
in the morning 아침에

해설

'당신 형은 아침에 일찍 일어나는지'를 묻는 do동사 Yes/No
질문이므로 '아뇨, 그는 일찍 일어나지 않아요.' 라는 ③번이 정
답입니다.

B

M: Do you go shopping every day?
W: ___________________________

① No, I don't.
② Yes, I am in the shopping mall.
③ No, I don't go there.

남: 당신은 매일 쇼핑을 가나요?
여: ___________________________

① 아뇨, 그렇지 않아요.
② 네, 저는 쇼핑몰에 있어요.
③ 아뇨, 저는 거기 가지 않아요.

필수 어휘

go shopping 쇼핑 가다 / every day 매일 / in ~안에 /
shopping mall 쇼핑몰 / there 거기

해설

'당신은 매일 쇼핑을 가는지'를 묻는 do동사 Yes/No 질문
이므로 '아뇨, 그렇지 않아요.' 라는 ①번이 정답입니다.

Unit 03 의문사로 시작하는 질문에 응답하기

표현 연습 pp.30-31

A	1. What	2. Where	3. When

B	1. ①	2. ③	3. ②	4. ③

A

1. A: <u>What</u> kinds of food do you like?
   B: I like pizza.

   A: 당신은 어떤 종류의 음식을 좋아하나요?
   B: 저는 피자를 좋아해요.

2. A: <u>Where</u> do you live?
   B: I live in Incheon.

   A: 당신은 어디에 사나요?
   B: 저는 인천에 살아요.

3. A: <u>When</u> are you free?
   B: I am free in the afternoon.

   A: 당신은 언제 한가한가요?
   B: 저는 오후에 한가해요.

B

1. What is your name?
   ① My name is Jiyoung.
   ② I go to school every day.
   ③ I like my father.

   당신의 이름은 무엇인가요?
   ① 내 이름은 지영이에요.
   ② 나는 매일 학교에 가요.
   ③ 나는 우리 아빠를 좋아해요.

2. Where are you from?
   ① I come here every day.
   ② I am a student.
   ③ I am from Singapore.

   당신은 어디에서 왔나요?
   ① 나는 매일 여기에 와요.
   ② 나는 학생이에요.
   ③ 나는 싱가포르에서 왔어요.

3. Who is the man over there?
   ① He is in the house.
   ② He is my friend.
   ③ He does his homework.

저기 있는 저 남자는 누구인가요?
① 그는 집에 있어요.
② 그는 내 친구예요.
③ 그는 숙제를 해요.

4. What time do you get up?
① I sleep in my bedroom.
② My mom wakes me up.
③ I get up at 7 o'clock.

당신은 몇 시에 일어나나요?
① 나는 내 침대에서 자요.
② 우리 엄마가 나를 깨워 줘요.
③ 나는 7시에 일어나요.

실전 유형 대비하기   pp.32-33

A	1. ②	2. ①	3. ③	4. ②
B	1. ②	2. ①	3. ②	4. ②

A

1. What do you like to do?
① I have many books.
② I like to read books.
③ I go to the library.

당신은 무엇을 하는 것을 좋아하나요?
① 나는 책이 많아요.
② 나는 책 읽는 것을 좋아해요.
③ 나는 도서관에 가요.

2. What time do you have breakfast?
① I have breakfast at seven thirty.
② My mom cooks breakfast.
③ I have breakfast at home.

당신은 몇 시에 아침을 먹나요?
① 나는 7시 30분에 아침을 먹어요.
② 우리 엄마가 아침 식사를 만들어요.
③ 나는 집에서 아침을 먹어요.

3. Where is your cat?
① It is very cute.
② I play with my cat.
③ It is on the couch.

당신 고양이는 어디에 있나요?
① 그것은 무척 귀여워요.
② 나는 고양이와 놀아요.
③ 그것은 소파 위에 있어요.

4. Who is in the house?
① He is sleeping.
② Minsu is in the house.
③ He takes a shower every morning.

집에는 누가 있나요?
① 그는 자고 있어요.
② 민수가 집에 있어요.
③ 그는 매일 아침에 샤워를 해요.

B

1. Where do you buy clothes?
① No, I don't go shopping.
② I buy clothes at the shopping mall.
③ My mom buys clothes for me.

당신은 어디에서 옷을 사나요?
① 아뇨, 나는 쇼핑을 가지 않아요.
② 나는 쇼핑몰에서 옷을 사요.
③ 우리 엄마가 내 옷을 사 줘요.

2. What do you see in the picture?
① I see some animals.
② Yes, I have some pictures.
③ I see pictures on TV.

사진에서 뭐가 보이나요?
① 동물이 몇 마리 보여요.
② 네, 나한테 사진이 몇 장 있어요.
③ 나는 TV에서 사진을 봐요.

3. Who do you study with?
① Yes, I have homework.
② I study with my friends.
③ I study at night.

당신은 누구와 공부하나요?
① 네, 숙제가 있어요.
② 나는 친구들과 공부해요.
③ 나는 밤에 공부해요.

4. When do you go to class?
① No, I am not at home.
② I go to class at 7 o'clock.
③ I am in my friend's house.

당신은 언제 수업에 들어가나요?
① 아뇨, 나는 집에 있지 않아요.
② 나는 7시에 수업에 들어가요.
③ 나는 친구네 집에 있어요.

듣고 받아 쓰기 p.34

1. What, read
2. What, time, have, at
3. Where, clothes, shopping, mall
4. What, picture, see, animals
5. When, class, at, o'clock

1. M: What do you like to do?
   W: I like to read books.

   남: 당신은 무엇을 하는 것을 좋아하나요?
   여: 나는 책 읽는 것을 좋아해요.

2. M: What time do you have breakfast?
   W: I have breakfast at seven thirty.

   남: 당신은 몇 시에 아침을 먹나요?
   여: 나는 7시 30분에 아침을 먹어요.

3. W: Where do you buy clothes?
   M: I buy clothes at the shopping mall.

   여: 당신은 어디에서 옷을 사나요?
   남: 나는 쇼핑몰에서 옷을 사요.

4. W: What do you see in the picture?
   M: I see some animals.

여: 사진에서 뭐가 보이나요?
남: 동물이 몇 마리 보여요.

5. W: When do you go to class?
   M: I go to class at seven o'clock.

   여: 당신은 언제 수업에 들어가나요?
   남: 나는 7시에 수업에 들어가요.

필수 어휘 복습하기 p.35

A 1. exercise	2. close	3. buy
B 1. library	2. clothes	3. pictures

A

1. A: What do you do in the morning?
   B: We exercise every morning.

   A: 당신들은 아침에 무엇을 하나요?
   B: 우리는 매일 아침 운동을 해요.

2. A: Do you open on Sunday?
   B: Sorry. We close on Sunday.

   A: 당신은 일요일에 문을 여나요?
   B: 죄송합니다. 저희는 일요일에 문을 닫습니다.

3. A: I want to buy this. How much is this?
   B: It is five thousand won.

   A: 이걸 사고 싶군요. 이건 얼마인가요?
   B: 5천원입니다.

B

1. There are a lot of books in the library.
2. Oh, your clothes are dirty. You need to change your shirt and pants.
3. My brother loves to draw pictures on paper.

1. 도서관에는 책이 많이 있습니다.
2. 이런, 당신 옷이 더러워요. 셔츠와 바지를 갈아입으세요.
3. 내 남동생은 종이에 그림 그리는 것을 좋아해요.

A ①	B ②

A

W: Where is a flower shop?

M: _________________________ .

① It's next to the post office.
② Yes, my mom likes flowers.
③ No, thank you.

여: 꽃가게는 어디에 있나요?

남: _________________________

① 우체국 옆에 있어요.
② 네, 우리 엄마는 꽃을 좋아해요.
③ 아뇨, 괜찮습니다.

필수 어휘

flower shop 꽃가게 / next to ～옆에 /
post office 우체국 / Thank you. 고마워요.

해설

'꽃가게는 어디 있는지'를 묻는 where 의문사 질문이므로 '우체국 옆에 있어요.'라는 ①번이 정답입니다.

B

M: What time do you have lunch?

W: _________________________

① Yes, I am fine.
② I eat lunch at noon.
③ I have lunch at home.

남: 당신은 몇 시에 점심을 먹나요?

여: _________________________

① 네, 저는 괜찮아요.
② 정오에 점심을 먹어요.
③ 집에서 점심을 먹어요.

필수 어휘

what time 몇 시 / have 먹다 / lunch 점심 식사 /
eat 먹다 / at noon 정오에 / at home 집에서

해설

'당신은 몇 시에 점심을 먹는지'를 묻는 what time 의문사 질문이므로 '정오에 점심을 먹어요.'라는 ②번이 정답입니다.

Part 2 중심 내용 찾기

Unit 04 주제 찾기

A ③	1. ②	2. ①
B ④	1. ①	2. ②

A

M: My favorite sport is soccer. I like to play soccer with my friends. I practice soccer every day. I also like to watch soccer games on TV. I like soccer very much.

남: 내가 제일 좋아하는 스포츠는 축구이다. 나는 친구들과 축구 하는 것을 좋아한다. 나는 매일 축구 연습을 한다. 나는 또 TV에서 하는 축구 경기를 보는 것도 좋아한다. 나는 축구를 정말 좋아한다.

해법 전략 문제

1. ① 야구
　 ② 축구

2. ① 내가 제일 좋아하는 스포츠는 축구이다.
　 ② 나는 매일 축구 연습을 한다.

B

W: That jacket looks good on you.
M: Thank you.
W: Where do you usually buy clothes?
M: I usually shop on the Internet.
W: Why do you shop on the Internet?
M: Because I can buy clothes cheaply.

여: 그 재킷 당신한테 잘 어울려요.
남: 고마워요.
여: 당신은 주로 어디에서 옷을 사나요?
남: 보통 인터넷에서 사요.
여: 왜 인터넷에서 쇼핑을 하나요?
남: 옷을 싸게 살 수 있어서요.

1. ① 인터넷에서 쇼핑하기
   ② 내가 산 새 재킷

2. ① 이 재킷은 나한테 잘 어울린다.
   ② 나는 인터넷에서 옷을 싸게 살 수 있다.

실전 유형 대비하기   pp.44-45

1. ③	2. ③	3. ③	4. ②

1.

W: My hobby is reading books. I usually read a book before bedtime. I read many stories of great men in some books. Some stories are very interesting. I can learn a lot of things from books.

여: 내 취미는 책 읽기이다. 나는 보통 잠자리에 들기 전에 책을 읽는다. 나는 어떤 책들을 통해 위인들에 관한 여러 이야기들을 읽는다. 어떤 이야기들은 무척 재미있다. 나는 책에서 많은 것을 배울 수 있다.

2.

M: We need food. Food is important because it gives us energy. We can walk and run because we eat food. We can't live without food. We eat three meals a day. Food helps our health.

남: 우리에게는 음식이 필요하다. 음식은 우리에게 에너지를 주기 때문에 중요하다. 우리는 음식을 먹기 때문에 걷거나 뛸 수 있다. 음식 없이는 살 수가 없다. 우리는 하루에 3번 식사를 한다. 음식은 우리의 건강에 도움이 된다.

3.

M: What's up?

W: It's raining, but I don't have an umbrella with me.

M: Don't worry. I have an umbrella.

W: Oh, can I borrow it? I need to go out for a meeting now.

M: Sure. Here it is.

W: Thanks a lot.

남: 무슨 일이에요?

여: 비가 오는데, 우산이 없어요.

남: 걱정하지 말아요. 나한테 우산이 있어요.

여: 어머, 제가 빌릴 수 있을까요? 지금 회의 때문에 나가봐야 하거든요.

남: 물론이죠. 여기 있어요.

여: 정말 고마워요.

4.

W: Can we play baseball?

M: I am afraid we can't.

W: Right, it is raining outside.

M: Yes. The ground is too wet.

W: But I want to play baseball.

M: We can play it tomorrow.

여: 야구 할까?

남: 못 할 것 같아.

여: 맞아, 밖에 비가 오네.

남: 그래. 땅이 너무 젖었어.

여: 하지만 야구를 하고 싶어.

남: 내일 하면 되지.

듣고 받아 쓰기   p.46

1. reading, usually, bedtime, great, interesting, learn
2. food, important, energy, because, without, a, day, health
3. baseball, afraid, raining, wet, want, tomorrow

1.

W: My hobby is <u>reading</u> books. I <u>usually</u> read a book before <u>bedtime</u>. I read many stories of <u>great</u> men in some books. Some stories are very <u>interesting</u>. I can <u>learn</u> a lot of things from books.

여: 내 취미는 책 읽기이다. 나는 보통 잠자리에 들기 전에 책을 읽는다. 나는 어떤 책들을 통해 위인들에 관한 여러 이야기들을 읽는다. 어떤 이야기들은 무척 재미있다. 나는 책에서 많은 것을 배울 수 있다.

2.

M: We need <u>food</u>. Food is <u>important</u> because it gives us <u>energy</u>. We can walk and run <u>because</u> we eat food. We can't live <u>without</u> food. We eat three meals <u>a day</u>. Food helps our <u>health</u>.

남: 우리에게는 음식이 필요하다. 음식은 우리에게 에너지를 주기 때문에 중요하다. 우리는 음식을 먹기 때문에 걷거나 뛸 수 있다. 음식 없이는 살 수가 없다. 우리는 하루에 3번 식사를 한다. 음식은 우리의 건강에 도움이 된다.

3.

W: Can we play <u>baseball</u>?
M: I am <u>afraid</u> we can't.
W: Right, it is <u>raining</u> outside.
M: Yes. The ground is too <u>wet</u>.
W: But I <u>want</u> to play baseball.
M: We can play it <u>tomorrow</u>.

여: 야구 할까?
남: 못 할 것 같아.
여: 맞아, 밖에 비가 오네.
남: 그래. 땅이 너무 젖었어.
여: 하지만 야구를 하고 싶어.
남: 내일 하면 되지.

필수 어휘 복습하기
p.47

A 1. wet 2. favorite 3. important

B 1. buy 2. practice 3. watch

A

1. A: Look at you! Your clothes are <u>wet</u>.
   B: Yes, Mom. I was in the rain.

   A: 얘 좀 봐! 옷이 젖었잖니.
   B: 네, 엄마. 비를 맞았어요.

2. A: What is your <u>favorite</u> color?
   B: I like red the most.

   A: 당신이 제일 좋아하는 색깔은 무엇인가요?
   B: 나는 빨간색을 제일 좋아해요.

3. A: Friends are very <u>important</u> in your life.
   B: I know. I love my friends.

   A: 인생에서 친구는 무척 중요해요.
   B: 알아요. 나는 친구들을 사랑해요.

B

1. My computer is broken. I need to <u>buy</u> a new one.
2. I <u>practice</u> the piano every day.
3. Do you want to <u>watch</u> a movie this weekend?

1. 내 컴퓨터가 망가졌어요. 새 컴퓨터를 사야 해요.
2. 나는 매일 피아노 연습을 해요.
3. 이번 주말에 영화를 보고 싶니?

단원 평가
pp.48-49

A ④ **B** ①

A

M: I have a family trip this Saturday. We will go to the zoo. My dad will drive us to the zoo. I like to see many animals. And I can eat a big ice cream cone, too. I am very excited about my family trip.

남: 나는 이번 주 토요일에 가족 여행을 간다. 우리는 동물원에 갈 것이다. 우리 아빠가 동물원까지 차를 태워 주실 것이다. 나는 여러 동물들을 보는 것을 좋아한다. 그리고 커다란 아이스크림 콘도 먹을 수 있다. 나는 가족 여행에 무척 들떠 있다.

필수 어휘

family trip 가족 여행 / this Saturday 이번 토요일에 /
zoo 동물원 / drive 차로 데려가다 / us 우리를 /
be excited about ~에 대해 신나다

해설

자주 언급하고 있는 중심 내용은 family trip 즉, 가족 여행이므로 정답은 ④번입니다.

B

M: Look! Can you see the rainbow?
W: Wow! It is so beautiful.

M: There are so many colors.

W: I can see red, blue, green, yellow and purple.

M: What is your favorite color?

W: I like red and purple. What about you?

M: My favorite color is blue.

남: 저기 봐! 무지개 보이니?

여: 와! 정말 예쁘다.

남: 색깔이 정말 많아.

여: 빨간색, 파란색, 초록색, 노란색, 그리고 보라색이 보여.

남: 네가 제일 좋아하는 색깔은 뭐니?

여: 나는 빨간색과 보라색을 좋아해. 너는 어때?

남: 내가 제일 좋아하는 색깔은 파란색이야.

red 빨강 / blue 파랑 / purple 보라 / favorite 가장 좋아하는 /
color 색깔 / What about you? 너는 어때?

자주 언급하고 있는 중심 내용은 favorite color 즉, 가장 좋아하는 색깔이므로 정답은 ①번입니다.

Unit 05 요지 찾기

리스닝 해법 – 해법 전략 문제
pp.50-51

A ②	1. ②	2. ②
B ③	1. ①	2. ②

A

M: I like my new cell phone. It's small, but it is very nice. I can make a phone call. I can play games on my phone. I can also take pictures like a camera. I often email my friends with my cell phone. It is very useful.

남: 나는 새로 산 휴대전화가 마음에 든다. 작지만 무척 멋지다. 전화 통화를 할 수가 있다. 그리고 전화기로 게임도 할 수 있다. 또 카메라처럼 사진도 찍을 수 있다. 가끔 친구들에게 휴대전화로 이메일을 보내기도 한다. 정말 쓸모가 있다.

1. ① 전화 통화
   ② 새로 산 휴대전화

2. ① 나는 전화 통화를 할 수 있다.
   ② 내가 새로 산 휴대전화는 무척 쓸모가 있다.

B

M: What's your favorite animal?

W: Well, I like giraffes.

M: Why do you like them?

W: Giraffes' necks are very long, so they can eat leaves on a tall tree.

M: That's very interesting.

남: 네가 제일 좋아하는 동물은 뭐니?

여: 음, 나는 기린을 좋아해.

남: 왜 기린을 좋아해?

여: 기린의 목은 무척 길잖아, 그래서 키가 큰 나무들에 달린 잎들을 먹을 수 있거든.

남: 그거 정말 재미있다.

1. ① 내가 제일 좋아하는 동물
   ② 키 큰 나무의 잎사귀들

2. ① 기린의 목은 무척 길다.
   ② 나는 기린을 좋아한다.

실전 유형 대비하기
pp.52-53

1. ④	2. ④	3. ①	4. ③

1.

W: In summer, I enjoy swimming outside. In the winter, I enjoy swimming inside. I want to swim in the Olympics. I want to be a swimmer on the Korean swimming team. I want to be the best swimmer in the world.

여: 나는 여름에는 야외 수영을 즐긴다. 겨울에는 실내 수영을

즐긴다. 나는 올림픽에 나가서 수영을 하고 싶다. 나는 한국 수영 팀의 수영 선수가 되고 싶다. 나는 세계 최고의 수영 선수가 되고 싶다.

2.

M: Christmas is my favorite holiday because I get many presents from my parents and friends on Christmas Day. I also give my parents and friends some presents like books and cookies. Christmas is a happy day.

남: 크리스마스에는 부모님과 친구들로부터 선물을 많이 받기 때문에 크리스마스는 내가 제일 좋아하는 휴일이다. 나 역시도 부모님과 친구들에게 책이나 과자 같은 선물을 준다. 크리스마스는 행복한 날이다.

3.

W: What kind of food do you like?
M: I love vegetable soup.
W: Can you make it?
M: No. My mom makes it for me.
W: Is it good?
M: Yes, it's very delicious. I like it very much.

여: 너는 어떤 종류의 음식을 좋아하니?
남: 야채 스프를 정말 좋아해.
여: 만들 수 있어?
남: 아니. 엄마가 만들어 줘.
여: 맛있니?
남: 응, 정말 맛있어. 나 야채 스프 정말 좋아해.

4.

W: The Han River is very big.
M: Is it popular with people?
W: Yes. Many people go there for a picnic.
M: Do you like to visit there?
W: Of course. Let's go together someday.

여: 한강은 정말 커요.
남: 사람들에게 인기가 있나요?
여: 네. 한강으로 소풍 가는 사람들이 많아요.
남: 당신도 한강에 가는 걸 좋아하나요?
여: 그럼요. 언제 한번 같이 가요.

> **1.** Christmas, holiday, get, give, presents, like, happy
> **2.** kind, vegetable, Can, makes, delicious, much
> **3.** The, popular, picnic, visit, Let's, someday

1.

M: Christmas is my favorite holiday because I get many presents from my parents and friends on Christmas Day. I also give my parents and friends some presents like books and cookies. Christmas is a happy day.

남: 크리스마스에는 부모님과 친구들로부터 선물을 많이 받기 때문에 크리스마스는 내가 제일 좋아하는 휴일이다. 나 역시도 부모님과 친구들에게 책이나 과자 같은 선물을 준다. 크리스마스는 행복한 날이다.

2.

W: What kind of food do you like?
M: I love vegetable soup.
W: Can you make it?
M: No. My mom makes it for me.
W: Is it good?
M: Yes, it's very delicious. I like it very much.

여: 너는 어떤 종류의 음식을 좋아하니?
남: 야채 스프를 정말 좋아해.
여: 만들 수 있어?
남: 아니. 엄마가 만들어 줘.
여: 맛있니?
남: 응, 정말 맛있어. 나 야채 스프 정말 좋아해.

3.

W: The Han River is very big.
M: Is it popular with people?
W: Yes. Many people go there for a picnic.
M: Do you like to visit there?
W: Of course. Let's go together someday.

여: 한강이 정말 크군요.
남: 사람들에게 인기가 있나요?

여: 네. 한강으로 소풍 가는 사람들이 많아요.
남: 당신도 한강에 가는 걸 좋아하나요?
여: 그럼요. 언제 한번 같이 가요.

필수 어휘 복습하기 p.55

A 1. Let's
   2. make a phone call
   3. take pictures

B 1. useful   **2.** popular   **3.** delicious

A

1. A: I have difficult math homework.
   B: I can help you. <u>Let's</u> do homework together.

   A: 어려운 수학 숙제가 있어.
   B: 내가 도와줄게. 숙제 같이 하자.

2. A: Can I borrow your phone? I need to <u>make a phone call</u> to my mom.
   B: No problem.

   A: 네 전화기 빌릴 수 있니? 엄마한테 전화를 해야 하거든.
   B: 그럼.

3. A: Look at these beautiful flowers!
   B: Oh, I want to <u>take pictures</u> of them.

   A: 저기 예쁜 꽃들 좀 봐!
   B: 어머, 저 꽃들 사진 찍고 싶다.

B

1. Thank you for your help. Your information is very <u>useful</u>.
2. Girls' Generation is the most <u>popular</u> singing group in Korea.
3. I'm so full but the food here is really <u>delicious</u>.

1. 도와줘서 고마워요. 당신이 준 정보가 무척 유용했어요.
2. 소녀시대는 한국에서 가장 인기 있는 그룹이에요.
3. 나 무척 배부른데, 여기 음식은 정말 맛있군요.

단원 평가 pp.56-57

A ②   **B** ③

A

M: Do you like to fly in an airplane?
W: Yes. I like it a lot.
M: Why do you like it?
W: Because it is very exciting.
M: I think so, too.

남: 당신은 비행기 타는 걸 좋아하나요?
여: 네, 무척 좋아해요.
남: 왜 좋아해요?
여: 정말 신나거든요.
남: 나도 그렇게 생각해요.

필수 어휘

fly 비행기를 타다 / airplane 비행기 / a lot 많이 / why 왜 /
because 왜냐면 / exciting 신나는 /
I think so, too. 나도 그렇게 생각해요.

해설

대화의 요지란 대화의 중심 내용을 한 문장으로 요약한 것으로
정답은 ②번 '비행기를 타는 것은 신난다.' 입니다.

B

M: I go shopping with my mom. I buy many interesting stickers. My favorite stickers are baseball players. I put them in my pencil case. My friends really love my stickers. I gave my friends some stickers. They like my stickers, too.

남: 나는 엄마와 쇼핑을 간다. 나는 재미있는 스티커를 많이 산다. 내가 제일 좋아하는 스티커는 야구 선수 스티커이다. 나는 그 스티커를 필통에 붙인다. 친구들은 내 스티커를 정말 좋아한다. 나는 친구들에게 스티커를 몇 장 줬다. 그들도 내 스티커를 좋아한다.

필수 어휘

go shopping 쇼핑 가다 / buy 사다 /
interesting 재미있는 / sticker 스티커 /
favorite 가장 좋아하는 / baseball 야구 / player 선수 /
put 넣다 / pencil case 필통 / gave 주었다

담화의 요지란 담화의 중심 내용을 한 문장으로 요약한 것으로 정답은 ③번 '나는 야구 선수 스티커를 가장 좋아한다' 입니다.

Unit 06 주장 / 의견 찾기

리스닝 해법 – 해법 전략 문제　　　　pp.58-59

A ②	1. ①	2. ②
B ②	1. ②	2. ②

A

M: I can't work now.

W: What's wrong?

M: I have back pain.

W: What did you do?

M: I exercised too much.

W: Oh, you should relax for a while.

남: 저 지금 일 못 하겠어요.

여: 무슨 문제 있어요?

남: 허리가 아파서요.

여: 무슨 일을 했기에 그래요?

남: 운동을 너무 많이 했어요.

여: 저런, 잠시 쉬는 게 좋겠어요.

해법 전략 문제

1. ① 허리가 아프다.
　 ② 어젯밤에 잠을 못 잤다.

2. ① 운동을 좀 더 해야 한다.
　 ② 잠시 쉬어야 한다.

B

M: I think I need to lose weight.

W: Then you'd better exercise.

M: What exercises should I do?

W: Why don't you ride a bicycle?

M: Okay. Sounds great!

남: 저는 몸무게를 좀 줄여야 할 것 같아요.

여: 그럼 운동을 하는 게 좋겠네요.

남: 어떤 운동을 해야 할까요?

여: 자전거를 타는 게 어때요?

남: 그래요. 좋은 생각이에요!

해법 전략 문제

1. ① 나는 새 자전거를 사고 싶다.
　 ② 나는 체중을 줄여야 한다.

2. ① 산책을 하는 게 어때요?
　 ② 자전거를 타는 게 어때요?

실전 유형 대비하기　　　　pp.60-61

1. ②	2. ③	3. ③	4. ③

1.

M: Hello, mom. This is Kevin.

W: Hello, Kevin. What's up?

M: Mom, I'll come back home late today. I have soccer practice.

W: Okay, but you should come back home before 7 o'clock.

M: Okay, mom.

남: 여보세요, 엄마. 저 케빈(Kevin)이에요.

여: 여보세요, 케빈(Kevin)이구나. 무슨 일이니?

남: 엄마, 저 오늘 집에 좀 늦게 갈게요. 축구 연습이 있거든요.

여: 그래, 그렇지만 7시 전에는 집에 와야 한다.

남: 알겠어요, 엄마.

2.

M: What's wrong with you?

W: I think I have a cold.

M: Do you have a fever?

W: Yes.

M: Why don't you see a doctor?

W: Okay, I will. Thank you.

남: 무슨 일이에요?

여: 감기에 걸린 것 같아요.

남: 열이 나나요?

여: 네.

남: 의사 선생님 진찰을 받아보는 게 어때요?

여: 네, 그럴게요. 고마워요.

3.

M: Do you want to go to the zoo?

W: Yes. I'd love to.

M: There is a new panda bear at the zoo.

W: Really? I love pandas.

M: Me too. They are so cute.

W: Yeah. We need to keep pandas safe at the zoo.

남: 너 동물원에 가고 싶니?

여: 응, 가고 싶어.

남: 동물원에 새로 판다 곰이 왔어.

여: 정말? 나 판다 곰 정말 좋아해.

남: 나도. 정말 귀엽잖아.

여: 그래. 동물원에서 판다 곰을 안전하게 보호해야 해.

4.

W: Oh, these are new potato chips!

M: Do you want to try the new potato chips?

W: Yes, I want to.

M: But don't eat too many.

W: Why not?

M: If you eat too many, you can get fat.

여: 어머, 저거 새로 나온 감자 칩이야!

남: 새로 나온 감자 칩 먹어 보고 싶니?

여: 응, 그래.

남: 그렇지만 너무 많이 먹지는 마.

여: 왜?

남: 너무 많이 먹으면 살이 찔 거야.

듣고 받아 쓰기
p.62

1. This, up, late, soccer, should, before
2. wrong, cold, fever, don't, doctor, will
3. potato, try, don't, too, If, fat

1.

M: Hello, mom. <u>This</u> is Kevin.

W: Hello, Kevin. What's <u>up</u>?

M: Mom, I'll come back home <u>late</u> today. I have <u>soccer</u> practice.

W: Okay, but you <u>should</u> come back home <u>before</u> 7 o'clock.

M: Okay, mom.

남: 여보세요, 엄마. 저 케빈(Kevin)이에요.

여: 여보세요, 케빈(Kevin)이구나. 무슨 일이니?

남: 엄마, 저 오늘 집에 좀 늦게 갈게요. 축구 연습이 있거든요.

여: 그래, 그렇지만 7시 전에는 집에 와야 한다.

남: 알겠어요, 엄마.

2.

M: What's <u>wrong</u> with you?

W: I think I have a <u>cold</u>.

M: Do you have a <u>fever</u>?

W: Yes.

M: Why <u>don't</u> you see a <u>doctor</u>?

W: Okay, <u>I</u> <u>will</u>. Thank you.

남: 무슨 일이에요?

여: 감기에 걸린 것 같아요.

남: 열이 나나요?

여: 네.

남: 의사 선생님 진찰을 받아보는 게 어때요?

여: 네, 그럴게요. 고마워요.

3.

W: Oh, these are new <u>potato</u> chips!

M: Do you want to <u>try</u> the new potato chips?

W: Yes, I want to.

M: But <u>don't</u> eat <u>too</u> many.

W: Why not?

M: <u>If</u> you eat too many, you can get <u>fat</u>.

여: 어머, 저거 새로 나온 감자 칩이야!

남: 새로 나온 감자 칩 먹어 보고 싶니?

여: 응, 그래.

남: 그렇지만 너무 많이 먹지는 마.

여: 왜?

남: 너무 많이 먹으면 살이 찔 거야.

필수 어휘 복습하기 p.63

A 1. Why don't you 2. have a cold
  3. see a doctor

B 1. relax 2. should 3. lose

A

1. A: I am late for work. I need to hurry up.
 B: <u>Why don't you</u> take a taxi?

 A: 저 회사에 늦었어요. 서둘러야 해요.
 B: 택시를 타는 게 어때요?

2. A: Oh, you have a fever.
 B: Yes, I <u>have a cold</u>.

 A: 저런, 당신 열이 나네요.
 B: 네, 감기에 걸렸어요.

3. A: I am sick.
 B: You'd better <u>see a doctor</u> now.

 A: 저 (몸이) 아파요.
 B: 지금 의사 선생님 진찰을 받는 게 좋겠어.

B

1. I'm very tired. I want to <u>relax</u> for a while.
2. Oh, it's late. I <u>should</u> go home now.
3. I started jogging because I want to <u>lose</u> weight.

1. 나 정말 피곤해요. 잠시 쉬고 싶어요.
2. 이런, 늦었네요. 지금 집에 가야겠어요.
3. 체중을 줄이고 싶어서 조깅을 시작했어요.

단원 평가 pp.64-65

A ③   **B** ④

A

W: Wow, there are too many people in line. We have to wait so long for the movie tickets.
M: I know, and we don't have enough time.
W: Let's see a movie next time.
M: Okay, but next time let's buy tickets on the Internet.

여: 와, 줄 선 사람들이 너무 많아요. 영화 표 사려면 정말 오래 기다려야겠어요.
남: 그러게요, 시간도 충분히 없는데 말이에요.
여: 영화는 다음 번에 봐요.
남: 그래요, 그런데 다음 번에는 인터넷으로 표를 사죠.

> **필수 어휘**

There are ~. ~들이 있다. / too many 너무 많은 / people 사람들 / in line 줄 서있는 / have to ~해야 한다 / wait 기다리다 / so long 매우 오랫동안 / movie ticket 영화표 / enough 충분한 / next time 다음 번에 / Let's ~. ~하자. / buy 사다 / on the Internet 인터넷으로

> **해설**

남자의 주장이 가장 잘 드러난 문장은 'Okay, but next time let's buy tickets on the Internet.'이므로 정답은 ③번 '다음엔 인터넷으로 영화 표를 예매하자.' 입니다.

B

M: Mom, what should I wear today?
W: You need a coat. It's really cold outside.
M: I see.
W: You should also wear a hat and gloves.
M: Okay. Thanks, mom.

남: 엄마, 저 오늘은 뭘 입을까요?
여: 코트를 입으렴. 밖이 정말 춥구나.
남: 알겠어요.
여: 그리고 모자도 쓰고 장갑도 껴야 한다.
남: 알겠어요. 고마워요, 엄마.

> **필수 어휘**

should ~해야 한다 / wear 입다 / today 오늘 / need ~이 필요하다 / coat 외투 / outside 바깥 / I see. 알겠어요. / also 또한 / hat 모자 / gloves 장갑

> **해설**

여자의 의견이 가장 잘 드러난 문장은 'You need a coat.' 와 'You should also wear a hat and gloves.'이므로 정답은 ④번 '외투를 입고 모자와 장갑을 써라.' 입니다.

Part 3 특정 정보 찾기

Unit 07 내용 일치 / 불일치 찾기

리스닝 해법 – 해법 전략 문제 pp.70-71

A ①	1. ① T ② F 2. ① T ② F
B ③	1. ① F ② T ③ F ④ T

A

W: I want to do something fun!

M: Okay. Let's read books.

W: Reading books is boring.

M: How about playing computer games?

W: Sounds great!

여: 뭔가 재미있는 일을 하고 싶어!

남: 좋아. 책을 읽자.

여: 책을 읽는 건 지루해.

남: 컴퓨터 게임을 하는 건 어때?

여: 좋아!

해법 전략 문제

1. ① 뭔가 재미있는 일을 하고 싶어!
   ② 책을 읽는 건 재미있어.

2. ① 책을 읽자.
   ② TV를 보는 건 어때?

B

W: You should take care of your teeth. Don't eat too much candy. Sweet foods are not good for your teeth. And you should brush your teeth after meals. Especially, you should brush your teeth before you go to bed.

여: 당신은 치아를 관리해야 합니다. 사탕을 너무 많이 먹지 마세요. 단 음식은 치아에 좋지 않습니다. 그리고 식사를 한 후에는 이를 닦아야 합니다. 특히 잠자리에 들기 전에 이를 닦아야 합니다.

해법 전략 문제

1. ① 당신은 모발을 관리해야 합니다.
   ② 사탕을 너무 많이 먹지 마세요.
   ③ 식사 전에 이를 닦아야 합니다.
   ④ 잠자리에 들기 전에 이를 닦아야 합니다.

실전 유형 대비하기 pp.72-73

1. ②	2. ④	3. ④	4. ②

1.

W: Excuse me.

M: Hi. How can I help you?

W: I am looking for comic books. Where can I find them?

M: Come this way. Comic books are right here.

W: Thank you very much.

여: 실례합니다.

남: 안녕하세요. 무엇을 도와드릴까요?

여: 저는 만화책을 찾고 있어요. 어디에서 찾을 수 있나요?

남: 이쪽으로 오세요. 만화책은 바로 여기 있습니다.

여: 정말 고맙습니다.

2.

M: I love my school. I learn a lot in school. Learning new things is fun. I make many friends. After school, I play and study together with my friends. They are kind to me. I have good friends.

남: 나는 우리 학교를 정말 좋아한다. 나는 학교에서 많은 것을 배운다. 새로운 것을 배우는 건 재미있다. 나는 친구들을 많이 사귄다. 학교 수업이 끝나면 나는 친구들과 함께 놀거나 공부를 한다. 친구들은 내게 상냥하다. 나는 좋은 친구들을 두었다.

3.

W: Where are you going?

M: I am going to the supermarket. Do you need anything?

W: Yes, please buy me a bottle of water.

M: Okay. How much is the water?

W: Here is five dollars.

M: Okay.

W: Thank you very much.

여: 어디 가세요?

남: 슈퍼마켓에 가려고요. 뭐 필요하세요?

여: 네, 물 한 병 사다 주세요.

남: 알겠어요. 물이 얼마죠?

여: 5달러예요.

남: 좋아요.

여: 정말 고마워요.

4.

W: I like all the food in the movie theater. I like hot dogs the most. Hot dogs are very delicious, and they are my favorite food. Sometimes, I eat chocolate and popcorn. But tonight I will eat only a hot dog in the theater.

여: 나는 영화관에서 파는 음식들은 다 좋아한다. 나는 핫도그를 제일 좋아한다. 핫도그는 정말 맛있고, 내가 제일 좋아하는 음식이다. 가끔 나는 초콜릿과 팝콘을 먹는다. 그러나 오늘 밤에는 극장에서 핫도그만 먹을 것이다.

듣고 받아 쓰기   p.74

1. can, looking, find, way, right, Thank
2. lot, Learning, friends, together, kind, good
3. Where, going, anything, bottle, much, Here

1.

W: Excuse me.

M: Hi. How can I help you?

W: I am looking for comic books. Where can I find them?

M: Come this way. Comic books are right here.

W: Thank you very much.

여: 실례합니다.

남: 안녕하세요. 무엇을 도와드릴까요?

여: 저는 만화책을 찾고 있어요. 어디에서 찾을 수 있나요?

남: 이쪽으로 오세요. 만화책은 바로 여기 있습니다.

여: 정말 고맙습니다.

2.

M: I love my school. I learn a lot in school. Learning new things is fun. I make many friends. After school, I play and study together with my friends. They are kind to me. I have good friends.

남: 나는 우리 학교를 정말 좋아한다. 나는 학교에서 많은 것을 배운다. 새로운 것을 배우는 건 재미있다. 나는 친구들을 많이 사귄다. 학교 수업이 끝나면 나는 친구들과 함께 놀거나 공부를 한다. 친구들은 내게 상냥하다. 나는 좋은 친구들을 두었다.

3.

W: Where are you going?

M: I am going to the supermarket. Do you need anything?

W: Yes, please buy me a bottle of water.

M: Okay. How much is the water?

W: Here is five dollars.

M: Okay.

W: Thank you very much.

여: 어디 가세요?

남: 슈퍼마켓에 가려고요. 뭐 필요하세요?

여: 네, 물 한 병 사다 주세요.

남: 알겠어요. 물이 얼마죠?

여: 5달러예요.

남: 좋아요.

여: 정말 고마워요.

필수 어휘 복습하기   p.75

A **1.** take care of   **2.** brush your teeth
   3. make friends

B **1.** especially   **2.** a lot   **3.** Sometimes

A

1. A: Wow, this garden is so beautiful.
   B: Yes, I take care of the plants every day.

   A: 와, 이 정원 정말 아름답군요.
   B: 네, 제가 매일 식물들을 관리하거든요.

2. A: Do you <u>brush your teeth</u> after meals?

   B: Yes, I do.

   A: 당신은 식사 후에 이를 닦나요?

   B: 네, 그래요.

3. A: Do you <u>make friends</u> in your new school?

   B: Yes, I have many friends.

   A: 너는 새로 간 학교에서 친구들을 사귀니?

   B: 응, 친구들이 많아.

B

1. My brother likes all kinds of music, <u>especially</u> K-pop.
2. I feel great because I study <u>a lot</u>.
3. <u>Sometimes</u> I have tea with dinner.

1. 내 남동생은 모든 종류의 음악을 좋아하는데, 특히 케이팝 [한국 대중 가요]를 좋아한다.
2. 나는 공부를 많이 하기 때문에 기분이 좋다.
3. 가끔 나는 저녁을 먹으면서 차를 마신다.

단원 평가　　　　　　　　　　　　　　pp.76-77

A ③	B ③

A

W: What will you do tomorrow?

M: I will go to a baseball game.

W: Wow! What is your favorite team?

M: I like the West Wing team.

W: Really? I like that team, too!

M: Why don't you come with me?

W: I'd love to, but I need to go shopping with my mom.

여: 내일 뭐 할 거야?

남: 야구 경기장에 갈 거야.

여: 와! 네가 좋아하는 팀은 어디니?

남: 나는 웨스트 윙 팀을 좋아해.

여: 그래? 나도 그 팀을 좋아해!

남: 나랑 같이 갈래?

여: 그러고 싶지만, 엄마랑 쇼핑을 가야 해.

필수 어휘

will ~할 것이다 / tomorrow 내일 /
baseball game 야구 경기 / favorite 가장 좋아하는 /
team 팀 / too 또한 / Why don't you~? ~하는 게 어때? /
I'd love to. 그러고 싶어. / need to ~해야 한다 /
go shopping 쇼핑 가다

해설

내용과 일치하는 것은 '남자는 야구 경기를 보러 갈 것이다.' 이며 정답은 ③번입니다.

B

M: I like to study in the library. I usually study on the second floor because there are many desks. It is very quiet, too. I can use the library computers. The library is a good place to study.

남: 나는 도서관에서 공부하는 것을 좋아한다. 나는 보통 2층에서 공부하는데, 거기에 책상이 많기 때문이다. 그리고 또 무척 조용하다. 나는 도서관 컴퓨터를 사용할 수 있다. 도서관은 공부하기에 좋은 곳이다.

필수 어휘

library 도서관 / usually 주로 / second 두 번째 / floor 층 /
because 왜냐면 / There are ~. ~들이 있다. /
quiet 조용한 / use 사용하다 / computer 컴퓨터 /
place 장소

해설

남자는 주로 도서관 2층에서 공부한다고 했으므로 선택지의 내용과 일치하지 않는 것은 ③번 '나는 주로 1층에서 공부한다' 입니다.

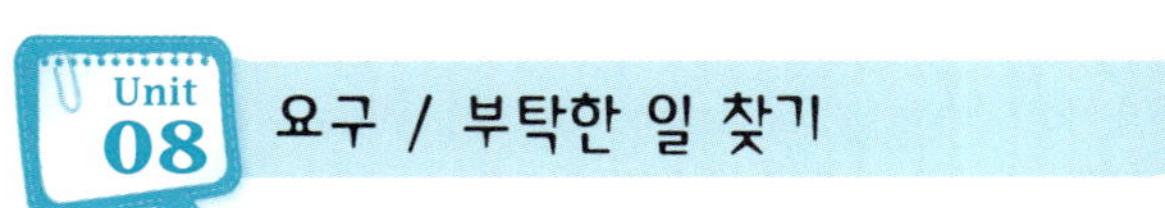

리스닝 해법 – 해법 전략 문제　　　　pp.78-79

A ③	1. ①	2. ②
B ①	1. ①	2. ②

A

W: Can you teach me how to use a computer?

M: Sure. I will help you. Do you have a computer?

W: No, not yet. I will buy a new one tomorrow.

M: Okay. I will show you how to use it.

W: Thank you.

여: 컴퓨터를 어떻게 사용하는지 가르쳐 줄 수 있니?

남: 그럼. 내가 도와줄게. 너한테 컴퓨터가 있니?

여: 아니, 아직. 내일 새 컴퓨터를 살 거야.

남: 알겠어. 내가 어떻게 사용하는지 보여줄게.

여: 고마워.

1. ① 컴퓨터 사용 방법

   ② MP3 플레이어 사용 방법

2. ① 너한테 컴퓨터가 있니?

   ② 컴퓨터를 어떻게 사용하는지 가르쳐 줄 수 있니?

B

M: Do you have a basketball?

W: Yes, I do.

M: Can I borrow your basketball?

W: Yes, of course. It's in my room. You can take it.

M: Thank you.

W: You're welcome.

남: 너 농구공 가지고 있니?

여: 응, 있어.

남: 네 농구공을 빌릴 수 있을까?

여: 그럼, 물론이지. 내 방에 있어. 가져가.

남: 고마워.

여: 천만에.

1. ① 농구공

   ② 야구공

2. ① 너 농구공 가지고 있니?

   ② 네 농구공을 빌릴 수 있을까?

실전 유형 대비하기　　　pp.80-81

1. ④	2. ②	3. ③	4. ③

1.

W: Hello, Jinsu. This is Minji.

M: What's up?

W: I want to study with you for the next exam.

M: That's a good idea. Come over to my house.

W: All right. See you there.

M: Okay. Bye.

여: 여보세요, 진수야. 나 민지야.

남: 어쩐 일이니?

여: 다음 시험 공부를 너랑 같이 하고 싶어서.

남: 좋은 생각이야. 우리 집으로 와.

여: 알겠어. 거기서 보자.

남: 그래. 안녕.

2.

W: What kind of food do you like?

M: I love vegetable pizza.

W: Can you make it by yourself?

M: Yes, I can.

W: Can you teach me how to make vegetable pizza?

M: Sure.

여: 당신은 어떤 요리를 좋아하나요?

남: 나는 야채 피자를 좋아해요.

여: 당신이 직접 만들 수 있어요?

남: 네, 만들 수 있어요.

여: 야채 피자를 어떻게 만드는지 내게 가르쳐줄 수 있어요?

남: 그럼요.

3.

W: You don't look well.

M: I feel very cold.

W: Do you want a blanket?

M: No, thanks, but please turn on the heater.

W: No problem. I will do it now.

M: Thanks a lot.

여: 몸이 안 좋아 보여요.

남: 무척 추워요.

여: 담요 하나 줄까요?

남: 아뇨, 괜찮아요. 그런데 히터 좀 켜 주세요.

여: 알겠어요. 지금 할게요.

남: 정말 고마워요.

4.

W: Tom, are you busy now?

M: Actually, no. Why?

W: Would you move some boxes into my room?

M: Now?

W: Yes, please.

M: Okay. Where are the boxes?

W: They are in the living room.

여: 톰(Tom), 지금 바빠요?

남: 실은, 별로요. 왜요?

여: 상자 몇 개 제 방으로 옮겨 주시겠어요?

남: 지금이요?

여: 네, 부탁해요.

남: 알겠어요. 상자는 어디에 있나요?

여: 거실에 있어요.

듣고 받아 쓰기 p.82

1. up, study, exam, idea, over, there
2. kind, vegetable, yourself, teach, how, Sure
3. well, feel, blanket, turn, problem, now

1.

W: Hello, Jinsu. This is Minji.

M: What's <u>up</u>?

W: I want to <u>study</u> with you for the next <u>exam</u>.

M: That's a good <u>idea</u>. Come <u>over</u> to my house.

W: All right. See you <u>there</u>.

M: Okay. Bye.

여: 여보세요, 진수야. 나 민지야.

남: 어쩐 일이니?

여: 다음 시험 공부를 너랑 같이 하고 싶어서.

남: 좋은 생각이야. 우리 집으로 와.

여: 알겠어. 거기서 보자.

남: 그래. 안녕.

2.

W: What <u>kind</u> of food do you like?

M: I love <u>vegetable</u> pizza.

W: Can you make it by <u>yourself</u>?

M: Yes, I can.

W: Can you <u>teach</u> me <u>how</u> to make vegetable pizza?

M: <u>Sure</u>.

여: 당신은 어떤 요리를 좋아하나요?

남: 나는 야채 피자를 좋아해요.

여: 당신이 직접 만들 수 있어요?

남: 네, 만들 수 있어요.

여: 야채 피자를 어떻게 만드는지 내게 가르쳐줄 수 있어요?

남: 그럼요.

3.

W: You don't look <u>well</u>.

M: I <u>feel</u> very cold.

W: Do you want a <u>blanket</u>?

M: No, thanks, but please <u>turn</u> on the heater.

W: No <u>problem</u>. I will do it <u>now</u>.

M: Thanks a lot.

여: 톰(Tom), 지금 바빠요?

남: 실은, 별로요. 왜요?

여: 상자 몇 개 제 방으로 옮겨 주시겠어요?

남: 지금이요?

여: 네, 부탁해요.

남: 알겠어요. 상자는 어디에 있나요?

여: 거실에 있어요.

필수 어휘 복습하기 p.83

A 1. You're welcome   2. What's up
    3. of course

B 1. exam   2. blanket   3. vegetable

A

1. A: Thank you for your help.

   B: <u>You're welcome</u>.

   A: 도와주셔서 고마워요.

   B: 천만에요.

2. A: You don't look good. <u>What's up</u>?

   B: I have a cold.

   A: 몸이 안 좋아 보여요. 무슨 일이에요?

   B: 감기예요.

3. A: Can you help me with math homework?

   B: Yes, <u>of course</u>.

   A: 제 수학 숙제 좀 도와주실 수 있나요?

   B: 그래, 물론이지.

B

1. I am studying for the English <u>exam</u>.
2. The baby in the <u>blanket</u> is so cute.
3. My mom sometimes cooks <u>vegetable</u> soup.

1. 나는 영어 시험 공부를 하고 있어요.
2. 담요에 싸인 아기가 정말 귀엽다.
3. 우리 엄마는 가끔 야채 수프를 만드신다.

단원 평가

pp.84-85

A ②	B ③

A

M: What are you looking for?

W: Would you help me find the ball?

M: The ball? What did you do with the ball?

W: I rolled the ball this way, but I can't find it.

M: Okay. I'll try to find it.

W: Thank you.

남: 뭘 찾고 계세요?

여: 공 찾는 걸 도와주시겠어요?

남: 공이요? 공을 어떻게 한 거예요?

여: 공을 이쪽으로 굴렸는데, 찾을 수가 없어요.

남: 좋아요. 찾아 볼게요.

여: 고마워요.

필수 어휘

look for ~을 찾다 /
Would you help me ~? 내가 ~하는 것을 도와주시겠어요? /
find 찾다 / rolled 굴렸다 / this way 이쪽으로 / try 노력하다

해설

여자가 남자에게 요구한 일이 가장 잘 드러난 문장은 'Would you help me find the ball?'이므로 정답은 ②번 공 찾기입니다.

B

W: Hi, Martin. It's me, Miyoung.

M: Hi, Miyeong. What's up?

W: Can you go shopping with me now?

M: No problem. Where shall we meet?

W: I will come over to your house now.

M: Okay. See you soon.

여: 안녕, 마틴(Martin). 나야, 미영이.

남: 안녕, 미영아. 무슨 일이니?

여: 지금 나랑 쇼핑 갈 수 있니?

남: 좋아. 어디에서 만날까?

여: 지금 너희 집으로 갈게.

남: 좋아. 곧 보자.

필수 어휘

It's me. 나야. / What's up? 무슨 일이니? /
go shopping 쇼핑 가다 / with ~와 함께 / now 지금 /
No problem. 좋아 / Shall we ~? ~할까? /
come over ~로 가다 / See you soon. 곧 보자.

해설

여자가 남자에게 부탁한 일이 가장 잘 드러난 문장은 'Can you go shopping with me now?'이므로 정답은 ③번 함께 쇼핑하기입니다.

Unit 09 화자가 할 일 찾기

리스닝 해법 – 해법 전략 문제

pp.86-87

A ①	1. ① F ② T	2. ①
B ④	1. ① T ② F	2. ②

A

M: I'm going to the lake today.

W: What will you do?

M: I will go fishing.

W: That sounds fun. Will you go alone?

M: No. My brother will come with me.

W: Have fun!

남: 저 오늘 호수에 가요.

여: 뭘 할 거예요?

남: 낚시를 할 거예요.

여: 재미있겠네요. 혼자 가세요?

남: 아뇨. 남동생이 같이 갈 거예요.

여: 재미있게 보내세요!

1. ① 저 오늘 바다에 가요.
   ② 남동생이 같이 갈 거예요.

2. ① 낚시를 갈 거예요.
   ② 수영하러 갈 거예요.

B

[Phone rings]

M: Hello, Kim's Cake shop. How can I help you?

W: Hi, I'd like to order a chocolate cake.

M: May I deliver it to your house?

W: No. I will pick it up this afternoon.

M: Okay. Do you need anything else?

W: No, that's all.

[전화 벨 소리]

남: 여보세요, 킴스 케이크숍(Kim's Cake shop)입니다. 무엇을 도와드릴까요?

여: 여보세요, 초콜릿 케이크를 주문하고 싶은데요.

남: 고객님 댁으로 배달해 드릴까요?

여: 아뇨, 오늘 오후에 찾으러 가겠습니다.

남: 알겠습니다. 그 밖에 더 필요한 것이 있나요?

여: 아뇨, 그게 다입니다.

1. ① 초콜릿 케이크를 주문하고 싶어요.
   ② 뭔가 다른 게 필요해요.

2. ① 고객님 댁으로 초콜릿 케이크를 배달해 드리겠습니다.
   ② 오늘 오후에 찾으러 가겠습니다.

실전 유형 대비하기   pp.88-89

1. ③	2. ②	3. ④	4. ①

1.

M: Mom, I invited my friends to dinner.

W: How many people will come?

M: Eight people will come to dinner.

W: Okay. What time will your friends come?

M: They will come here at 5 o'clock.

W: Okay, I'll cook chicken.

M: Thanks, mom.

남: 엄마, 제 친구들을 저녁 식사에 초대했어요.

여: 몇 명이나 올 거니?

남: 저녁 식사에 8명이 올 거예요.

여: 알겠다. 친구들이 몇 시에 오니?

남: 여기 5시에 올 거예요.

여: 알겠다. 닭고기 요리를 하마.

남: 고마워요, 엄마.

2.

M: I'm very sorry, mom.

W: What's up?

M: I broke your flower vase.

W: What happened?

M: I played with my friend in the house, and I kicked the vase. Anyway, I will buy a new vase.

W: Oh, that's fine. Just clean up the floor.

남: 엄마, 정말 죄송해요.

여: 무슨 일이니?

남: 제가 엄마 꽃병을 깨뜨렸어요.

여: 어쩌다 그랬니?

남: 집에서 친구랑 놀다가 꽃병을 찼어요. 아무튼, 제가 새 꽃병을 사드릴게요.

여: 아니, 괜찮다. 바닥이나 청소하렴.

3.

M: What sport do you like?

W: I like table tennis.

M: Can you play it?

W: Yes. Sometimes I play it with my friends.

M: Are you good at table tennis?

W: No. I need to practice it hard.

남: 당신은 어떤 스포츠를 좋아하나요?

여: 탁구를 좋아해요.

남: 탁구를 할 줄 알아요?

여: 네, 가끔 친구들과 탁구를 쳐요.

남: 탁구 잘 해요?

여: 아뇨. 열심히 연습해야 해요.

4.

W: What do you want for your birthday present?

M: How about a bicycle?

W: Do you have time to ride it?

M: Yes, I can ride it after school.

W: Okay. I will buy you a bicycle.

M: Thanks a lot.

여: 생일 선물로 뭘 받고 싶니?

남: 자전거 어때요?

여: 자전거 탈 시간이 있니?

남: 네, 학교 수업 끝나고 탈 수 있어요.

여: 알았다. 자전거를 사 주마.

남: 정말 고맙습니다.

듣고 받아 쓰기 p.90

1. sorry, vase, happened, kicked, Anyway, clean
2. sport, table, Sometimes, good, practice, hard
3. present, time, after, buy, Thanks

1.

M: I'm very sorry, mom.

W: What's up?

M: I broke your flower vase.

W: What happened?

M: I played with my friend in the house, and I kicked the vase. Anyway, I will buy a new vase.

W: Oh, that's fine. Just clean up the floor.

남: 엄마, 정말 죄송해요.

여: 무슨 일이니?

남: 제가 엄마 꽃병을 깨뜨렸어요.

여: 어쩌다 그랬니?

남: 집에서 친구랑 놀다가 꽃병을 찼어요. 아무튼, 제가 새 꽃병을 사드릴게요.

여: 아니, 괜찮다. 바닥이나 청소하렴.

2.

M: What sport do you like?

W: I like table tennis.

M: Can you play it?

W: Yes. Sometimes I play it with my friends.

M: Are you good at table tennis?

W: No. I need to practice it hard.

남: 당신은 어떤 스포츠를 좋아하나요?

여: 탁구를 좋아해요.

남: 탁구를 할 줄 알아요?

여: 네, 가끔 친구들과 탁구를 쳐요.

남: 탁구 잘 해요?

여: 아뇨. 열심히 연습해야 해요.

3.

W: What do you want for your birthday present?

M: How about a bicycle?

W: Do you have time to ride it?

M: Yes, I can ride it after school.

W: Okay. I will buy you a bicycle.

M: Thanks a lot.

여: 생일 선물로 뭘 받고 싶니?

남: 자전거 어때요?

여: 자전거 탈 시간이 있니?

남: 네, 학교 수업 끝나고 탈 수 있어요.

여: 알았다. 자전거를 사 주마.

남: 정말 고맙습니다.

A	1. sounds	2. ride	3. deliver
B	1. today	2. hard	3. else

A

1. A: I will go hiking tomorrow.
   B: That sounds fun!

   A: 저 내일 하이킹 가요.
   B: 재미있겠네요!

2. A: How do you get to the station?
   B: I ride a taxi sometimes.

   A: 역까지는 어떻게 가나요?
   B: 가끔 택시를 타요.

3. A: How can I help you?
   B: Please deliver this package to my office.

   A: 무엇을 도와드릴까요?
   B: 이 짐을 제 사무실로 배달해 주세요.

B

1. What's the date today?
2. I want to be an English teacher so I study English hard.
3. Can you show me anything else?

1. 오늘은 며칠이에요?
2. 저는 영어 선생님이 되고 싶어서 영어 공부를 열심히 합니다.
3. 그 밖에 다른 걸 보여주시겠어요?

단원 평가　　　　　　　　　　pp.92-93

A ③	**B** ①

A

W: What will you do this weekend?
M: I'll go on a trip with my family to Jeju Island.
W: Wow! How long will you stay there?

M: We'll stay there for two days.
W: Have fun!

여: 이번 주말에 뭘 할 건가요?
남: 우리 가족과 제주도로 여행 갈 거예요.
여: 와! 거기서 얼마나 있을 건가요?
남: 이틀간 있을 거예요.
여: 재미있게 보내요!

필수 어휘

will ~할 것이다 / this weekend 이번 주말에 /
go on a trip 여행을 가다 / family 가족 /
Jeju Island 제주도 / how long 얼마나 오래 /
stay 머무르다 / there 거기에서 / for two days 이틀 동안 /
Have fun! 재미있게 보내요!

해설

남자가 할 일이 가장 잘 드러난 문장은 'I'll go on a trip with my family to Jeju Island.'이므로 정답은 ③번 제주도 여행 가기입니다.

B

M: May I help you?
W: Yes, I'm looking for a skirt.
M: Here are the new skirts.
W: Thanks. Can I try this skirt on?
M: Sure.

남: 도와드릴까요?
여: 네, 치마를 찾고 있어요.
남: 여기 새로 나온 치마가 있습니다.
여: 고맙습니다. 이 치마 입어볼 수 있나요?
남: 그럼요.

필수 어휘

May I help you? 도와드릴까요? / look for ~을 찾다 /
skirt 치마 / Here are ~. 여기 ~들이 있어요. / new 새로운 /
try ~ on ~을 입어보다 / Sure. 그럼요.

해설

여자가 할 일이 가장 잘 드러난 문장은 'Can I try this skirt on?'이므로 정답은 ①번 치마 입어 보기입니다.

리스닝 해법 – 해법 전략 문제　　　　pp.94-95

A ②	1. ① T　② F	2. ①
B ④	1. ① T　② F	2. ②

A

W: You look happy. What's going on?

M: I took a math test today.

W: How was the test?

M: It was not difficult for me. I got a perfect score.

W: Wow, congratulations! Good for you.

M: Thank you.

여: 너 기분 좋아 보인다. 무슨 일이야?

남: 오늘 수학 시험을 봤어.

여: 시험은 어땠어?

남: 나한테는 어렵지 않았어. 백점 받았거든.

여: 와, 축하해. 잘됐다.

남: 고마워.

해법 전략 문제

1. ① 오늘 수학 시험을 봤어.

　② 나한테는 시험이 어려웠어.

2. ① 백점 받았어.

　② 난 수학이 좋아.

B

M: Hi, Hyeji. What are you doing?

W: I am trying to watch a movie.

M: On your computer?

W: Yes, but I can't watch it.

M: Why not?

W: Because my computer is not working.

M: Oh, I see.

남: 안녕, 혜지. 뭐 하고 있니?

여: 영화를 보려고 하고 있어.

남: 네 컴퓨터에서?

여: 응, 그런데 볼 수가 없어.

남: 왜?

여: 컴퓨터가 작동이 안돼.

남: 아, 그렇구나.

해법 전략 문제

1. ① 영화를 보려고 하고 있어.

　② 내 컴퓨터는 완전 새거야.

2. ① 오늘은 시간이 없어.

　② 컴퓨터가 작동이 안돼.

실전 유형 대비하기　　　　pp.96-97

1. ②	2. ①	3. ③	4. ③

1.

W: You look tired today.

M: I went to bed late last night.

W: Oh, really? Why?

M: I was watching stars with my dad.

W: Did you see many beautiful stars?

M: Yes. There were many stars in the sky.

여: 너 오늘 피곤해 보여.

남: 어젯밤에 늦게 잤거든.

여: 아, 그래? 왜?

남: 우리 아빠랑 별을 봤어.

여: 예쁜 별들을 많이 봤니?

남: 응, 하늘에 별이 많았어.

2.

M: Wow! You have a new cell phone.

W: Yes! I got this smart phone from my mom.

M: Why did your mom buy it for you?

W: I helped my mom so she gave this to me as a gift.

M: Good for you.

남: 와! 너 새 휴대전화 샀구나.

여: 응! 엄마가 이 스마트폰을 사주셨어.

남: 너희 엄마가 왜 사주신 거야?

여: 내가 엄마를 도와드렸거든. 그래서 엄마가 선물로 주신 거야.

남: 잘됐다.

3.

M: Tomorrow will be a fun day. We have no class because we have a school picnic tomorrow. We will go to Hyde Park. We will have lunch there. After lunch, we will play games and play soccer. I am excited for tomorrow.

남: 내일은 재미있는 날이 될 것이다. 내일은 학교 소풍을 가기 때문에 수업이 없다. 우리는 하이드 파크에 갈 것이다. 거기에서 점심을 먹을 것이다. 점심을 먹고 나면, 게임을 하고 축구를 할 것이다. 나는 내일이 정말 기대된다.

4.

W: It is 3 p.m. now. We are playing in the snow. But I can't play outside any more. It is too cold outside. So I will go into my house. I want to drink hot chocolate. Then I'll feel warm.

여: 지금은 오후 3시이다. 우리는 눈 속에서 놀고 있다. 그러나 나는 더 이상 밖에서 놀 수가 없다. 밖이 너무 춥다. 그래서 집으로 들어갈 것이다. 핫초콜릿을 마시고 싶다. 그러면 몸이 따뜻해질 것이다.

듣고 받아 쓰기   p.98

1. look, late, stars, beautiful, There, sky
2. have, smart, Why, buy, helped, gift
3. snow, can't, more, too, drink, warm

1.

W: You <u>look</u> tired today.

M: I went to bed <u>late</u> last night.

W: Oh, really? Why?

M: I was watching <u>stars</u> with my dad.

W: Did you see many <u>beautiful</u> stars?

M: Yes. <u>There</u> were many stars in the <u>sky</u>.

여: 너 오늘 피곤해 보여.

남: 어젯밤에 늦게 잤거든.

여: 아, 그래? 왜?

남: 우리 아빠랑 별을 봤어.

여: 예쁜 별들을 많이 봤니?

남: 응, 하늘에 별이 많았어.

2.

M: Wow! You <u>have</u> a new cell phone.

W: Yes! I got this <u>smart</u> phone from my mom.

M: <u>Why</u> did your mom <u>buy</u> it for you?

W: I <u>helped</u> my mom, so she gave this to me as a <u>gift</u>.

M: Good for you.

남: 와! 너 새 휴대전화 샀구나.

여: 응! 엄마가 이 스마트폰을 사주셨어.

남: 엄마가 왜 너희 사주신 거야?

여: 내가 엄마를 도와드렸거든. 그래서 엄마가 선물로 주신 거야.

남: 잘됐다.

3.

W: It is 3 p.m. now. We are playing in the <u>snow</u>. But I <u>can't</u> play outside any <u>more</u>. It is <u>too</u> cold outside. So I will go into my house. I want to <u>drink</u> hot chocolate. Then I'll feel <u>warm</u>.

여: 지금은 오후 3시이다. 우리는 눈 속에서 놀고 있다. 그러나 나는 더 이상 밖에서 놀 수가 없다. 밖이 너무 춥다. 그래서 집으로 들어갈 것이다. 핫초콜릿을 마시고 싶다. 그러면 몸이 따뜻해질 것이다.

필수 어휘 복습하기   p.99

A 1. take a test   2. have no class
    3. is not working

B 1. excited   2. perfect   3. warm

A

1. A: You study very hard!
   B: I need to <u>take a test</u> tomorrow.

   A: 너 정말 열심히 공부하는구나!
   B: 내일 시험을 쳐야 해서요.

2. A: Why are you home at this time?

  B: Because I <u>have no class</u> today.

  A: 너 이 시간에 왜 집에 있니?

  B: 오늘은 수업이 없어서요.

3. A: My computer <u>is not working</u>.

  B: Let me check it.

  A: 제 컴퓨터가 작동하지 않아요.

  B: 제가 확인해 볼게요.

B

1. Are you <u>excited</u> to hear the news?
2. This park is a <u>perfect</u> place for a picnic.
3. The weather is <u>warm</u> in spring.

1. 그 소식을 들으니 신나나요?
2. 이 공원은 소풍을 가기에 딱 알맞은 장소이다.
3. 봄에는 날이 따뜻하다.

단원 평가

pp.100-101

A ①	**B** ④

A

W: Let's go swimming.

M: Sorry. I don't want to go swimming.

W: Are you afraid of water?

M: Umm... no.

W: It's okay. It's not dangerous.

M: Actually, I can't swim.

여: 수영하러 가자.

남: 미안해. 수영하러 가고 싶지 않아.

여: 너 물을 무서워하니?

남: 음… 아니.

여: 괜찮아. 위험하지 않아.

남: 실은, 나 수영을 못해.

Let's ~. ~하자. / go swimming 수영하러 가다 / be afraid of ~을 무서워하다 / dangerous 위험한 / actually 실은 / can't ~할 수 없다

남자가 수영장에 가고 싶지 않은 이유가 가장 잘 드러난 문장은 'Actually, I can't swim.'이므로 정답은 ①번 수영을 할 줄 몰라서입니다.

B

W: Do you like summer?

M: Actually, I don't like it.

W: Why not?

M: I can't play soccer in the sun because it is too hot.

W: I see, but you can swim in the pool.

M: I know. Anyway, I like spring better.

여: 넌 여름을 좋아하니?

남: 사실, 좋아하지 않아.

여: 왜?

남: 너무 더워서 햇빛 아래에서 축구를 할 수가 없어.

여: 알겠어, 하지만 수영장에서 수영은 할 수 있잖아.

남: 알아. 아무튼, 난 봄을 더 좋아해.

summer 여름 / actually 사실은 / Why not? 왜 아니니? / play soccer 축구를 하다 / in the sun 햇볕에서 / because 왜냐면 / too 너무 / hot 더운 / I see. 알겠어. / swim 수영하다 / pool 수영장 / anyway 아무튼 / spring 봄 / better 더 많이

남자가 여름을 좋아하지 않는 이유가 가장 잘 드러난 문장은 'I can't play soccer in the sun because it is too hot.' 이므로 정답은 ④번 축구를 할 수 없어서입니다.

Part 4 묘사 대상 찾기

Unit 11 그림 고르기

리스닝 해법 – 해법 전략 문제

pp.106-107

A ② ① playing the piano
② OK
③ talking on the phone
④ swimming

B ② ① on the street
② OK
③ a bicycle
④ glasses

A

M:
① The boy is playing the violin.
② The girl is skiing.
③ The girl is reading a book.
④ The boy is taking a shower.

① 소년은 바이올린을 켜고 있다.
② 소녀는 스키를 타고 있다.
③ 소녀는 책을 읽고 있다.
④ 소년은 샤워를 하고 있다.

해법 전략 문제

1. The boy is playing the piano.
   소년은 피아노를 치고 있다.

2. The girl is skiing.
   소녀는 스키를 타고 있다.

3. The girl is talking on the phone.
   소녀는 전화 통화를 하고 있다.

4. The boy is swimming.
   소년은 수영을 하고 있다.

B

W:
① The girl is running in the park.
② The girl is playing with dolls.
③ The boy is riding a bus.
④ The girl is wearing a hat.

① 소녀는 공원에서 뛰고 있다.
② 소녀는 인형을 가지고 놀고 있다.
③ 소년은 버스를 타고 있다.
④ 소녀는 모자를 쓰고 있다.

해법 전략 문제

1. The girl is running on the street.
   소녀는 거리에서 뛰고 있다.

2. The girl is playing with dolls.
   소녀는 인형을 가지고 놀고 있다.

3. The boy is riding a bicycle.
   소년은 자전거를 타고 있다.

4. The girl is wearing glasses.
   소녀는 안경을 쓰고 있다.

실전 유형 대비하기

pp.108-109

1. ④	2. ③	3. ④	4. ②

1.

M:
① The girl is walking in the park.
② The boy is getting on the subway.
③ The girl is moving the computer.
④ The boy is holding a bag.

① 소녀는 공원에서 걷고 있다.
② 소년은 지하철에 타고 있다.
③ 소녀는 컴퓨터를 옮기고 있다.
④ 소년은 가방을 들고 있다.

2.

W:

① The woman is putting on her clothes.

② The girl is working in the garden.

③ The boy is moving a desk.

④ The girl is playing in the water.

① 여자는 옷을 입고 있다.

② 소녀는 정원에서 일하고 있다.

③ 소년은 책상을 옮기고 있다.

④ 소녀는 물에서 놀고 있다.

3.

W:

① She is writing on the board.

② He is watering the flowers.

③ He is eating ice cream.

④ She is selling food in the supermarket.

① 그녀는 칠판 위에 (무언가를) 쓰고 있다.

② 그는 꽃에 물을 주고 있다.

③ 그는 아이스크림을 먹고 있다.

④ 그녀는 슈퍼마켓에서 음식을 팔고 있다.

4.

W:

① The girl is typing on the keyboard.

② The boy is sleeping in the bed.

③ The girl is listening to music.

④ The boy is playing tennis.

① 소녀는 키보드로 타이핑을 하고 있다.

② 소년은 침대에서 자고 있다.

③ 소녀는 음악을 듣고 있다.

④ 소년은 테니스를 치고 있다.

듣고 받아 쓰기   p.110

1.	① walking	② getting, on
	③ moving	④ holding
2.	① putting, on	② working
	③ moving	④ playing
3.	① writing	② watering
	③ eating	④ selling

1.

① The girl is walking in the park.

② The boy is getting on the subway.

③ The girl is moving the computer.

④ The boy is holding a bag.

① 소녀는 공원에서 걷고 있다.

② 소년은 지하철에 타고 있다.

③ 소녀는 컴퓨터를 옮기고 있다.

④ 소년은 가방을 들고 있다.

2.

① The woman is putting on her clothes.

② The girl is working in the garden.

③ The boy is moving a desk.

④ The girl is playing in the water.

① 여자는 옷을 입고 있다.

② 소녀는 정원에서 일하고 있다.

③ 소년은 책상을 옮기고 있다.

④ 소녀는 물에서 놀고 있다.

3.

① She is writing on the board.

② He is watering the flowers.

③ He is eating ice cream.

④ She is selling food in the supermarket.

① 그녀는 칠판 위에 (무언가를) 쓰고 있다.

② 그는 꽃에 물을 주고 있다.

③ 그는 아이스크림을 먹고 있다.

④ 그녀는 슈퍼마켓에서 음식을 팔고 있다.

A　1. ski　　　2. sell　　　3. water

B　1. board　　　2. hat　　　3. subway

A

1. A: What is your favorite sport in winter?
   B: I love to <u>ski</u> in winter.

   A: 당신이 겨울에 가장 좋아하는 스포츠는 무엇인가요?
   B: 저는 겨울에 스키 타는 것을 좋아합니다.

2. A: What kinds of clothes do you have?
   B: We <u>sell</u> all kinds of clothes.

   A: 어떤 종류의 옷이 있나요?
   B: 우리는 모든 종류의 옷을 팝니다.

3. A: How do you keep the plants young and fresh?
   B: I <u>water</u> them every day.

   A: 당신은 어떻게 식물들을 싱싱하고 풋풋하게 유지하나요?
   B: 매일 물을 줍니다.

B

1. What is the man writing on the <u>board</u>?
2. She is wearing a <u>hat</u> in the sun.
3. My dad takes the <u>subway</u> to work.

1. 남자는 칠판에 무엇을 쓰고 있나요?
2. 그녀는 햇빛 아래서 모자를 쓰고 있다.
3. 우리 아빠는 출근할 때 지하철을 탄다.

단원 평가　　　　　　　　pp.112-113

A ④　　　　　　　**B** ③

A

W:
① The man is washing his car.
② The woman is cooking in the kitchen.
③ The boy is watching TV.
④ The girl is eating fruit.

① 남자는 세차를 하고 있다.
② 여자는 부엌에서 요리를 하고 있다.
③ 소년은 TV를 보고 있다.
④ 소녀는 과일을 먹고 있다.

필수 어휘

wash the car 세차하다 / cook 요리하다 / kitchen 부엌 /
watch TV TV를 보다 / eat 먹다 / fruit 과일

해설

①번은 남자가 운전하는 그림, ②번은 여자가 식사하는 그림,
③번은 소년이 컴퓨터를 하는 그림이므로 듣기 내용과 일치하
지 않습니다. 정답은 ④번, 소녀가 과일을 먹는 그림으로 듣기
내용 'The girl is eating fruit.'과 내용이 일치합니다.

B

M:
① The girl is putting on her shoes.
② The boy is sitting on the stairs.
③ The girl is talking on the phone.
④ The boy is coming into his room.

① 소녀는 신발을 신고 있다.
② 소년은 계단 위에 앉아 있다.
③ 소녀는 전화 통화를 하고 있다.
④ 소년은 자기 방으로 들어가고 있다.

필수 어휘

put on 입다 / shoes 신발 / sit on ~위에 앉다 /
stair 계단 / talk on the phone 전화 통화하다 /
come into ~로 들어가다 / his 그의 / room 방

해설

①번은 소녀가 신발을 신는 그림, ②번은 소년이 계단에 앉아있
는 그림, ④번은 소년이 그의 방으로 들어가는 그림으로 듣기
내용과 일치합니다. 정답은 ③번, 소년과 소녀가 대화하는 그림
으로 듣기 내용 'The girl is talking on the phone.'과 내
용이 일치하지 않습니다.

Unit 12 일치 / 불일치 찾기

리스닝 해법 – 해법 전략 문제   pp.114-115

A ②	1. ①	2. ① F ② T
B ③	1. ①	2. ① F ② F

A

M: Sue, let's go to the Monkey Play House.

W: What can we do there?

M: We can play outside in the pool and on the water slides.

W: Where is it?

M: It is in Incheon.

W: When are they open?

M: They are open from 9 a.m. to 7 p.m.

남: 수(Sue), Monkey Play House에 가자.

여: 거기서 뭘 하는데?

남: 야외 수영장에서 놀 수도 있고 수영장 미끄럼틀도 탈 수 있어.

여: 어디에 있어?

남: 인천에 있어.

여: 언제 문을 여니?

남: 오전 9시부터 오후 7시까지야.

해법 전략 문제

1. ① 워터 파크

   ② 놀이 공원

2. ① 실내 수영장에서 수영할 수 있다.

   ② 인천에 있다.

B

W: My family will have a family trip. There is a waterfall in the mountain. We will stay at a hotel. There is a playground near the hotel. There is a bench near the trees. We'll have a good time.

여: 우리 가족은 가족 여행을 갈 것이다. 산에는 폭포가 있다. 우리는 호텔에 묵을 것이다. 호텔 근처에는 놀이터가 있다. 나무 근처에는 벤치가 있다. 우리는 즐거운 시간을 보낼 것이다.

해법 전략 문제

1. ① 가족 여행

   ② 수학 여행

2. ① 호텔 안에는 수영장이 있다.

   ② 폭포 근처에는 벤치가 있다.

실전 유형 대비하기   pp.116-117

1. ①	2. ③	3. ③	4. ①

1.

W: Dad, look at this!

M: What is it?

W: A science magazine for children.

M: It looks very interesting.

W: Yes, it has many pictures, stories and cartoons.

M: How much is it?

W: It is eight thousand won.

M: Okay. I will buy it for you.

여: 아빠, 이것 좀 보세요.

남: 이게 뭐냐?

여: 어린이용 과학 잡지예요.

남: 무척 재미있어 보이는구나.

여: 네, 그림이랑 이야기 그리고 만화가 많이 실려 있어요.

남: 얼마니?

여: 8천원이에요.

남: 좋아. 사주마.

2.

W: Here is the school lunch schedule. On Monday, we have pizza and fruit. On Tuesday, we have chicken and potatoes. On Wednesday, we have chicken soup and rice. And on Thursday, we have curry rice and carrots.

여: 여기 학교 점심 식단표가 있습니다. 월요일에는 피자와 과일입니다. 화요일에는 치킨과 감자입니다. 수요일에는 치킨 수프와 밥을 먹습니다. 그리고 목요일에는 카레라이스와 당근입니다.

3.

W: Look at those monkeys. They climb the trees well.

M: Yes. Also I see the walking tigers.

W: Look at the giraffe. It is drinking water.

M: Do you see the lions? They are sleeping on the rocks.

W: All the animals are interesting.

여: 저 원숭이들 좀 봐. 나무를 잘 탄다.

남: 그러네. 또 걸어다니는 호랑이도 보여.

여: 저 기린을 봐. 물을 마시고 있어.

남: 사자들도 보이니? 바위 위에서 자고 있어.

여: 동물들이 다들 흥미로워.

4.

M: This store has good school supplies. I will buy a pencil case. It is ten dollars for a pencil case. I need a school bag, too. It is twenty dollars. Pencils are cheap. A pencil costs only one dollar. And I need to buy a ruler. It costs three dollars.

남: 이 가게에는 좋은 학용품들이 많이 있다. 나는 필통을 살 것이다. 필통 하나에 10달러이다. 나는 책가방도 필요하다. 책가방은 20달러이다. 연필은 싸다. 연필 한 자루는 겨우 1달러이다. 그리고 나는 자도 사야 한다. 자는 3달러이다.

듣고 받아 쓰기   p.118

1. magazine, interesting, pictures, much, eight, buy
2. Here, Monday, have, Tuesday, Wednesday, Thursday
3. school, case, twenty, cheap, costs, ruler

1.

W: Dad, look at this!

M: What is it?

W: A science magazine for children.

M: It looks very interesting.

W: Yes, it has many pictures, stories and cartoons.

M: How much is it?

W: It is eight thousand won.

M: Okay. I will buy it for you.

여: 아빠, 이것 좀 보세요.

남: 이게 뭐냐?

여: 어린이용 과학 잡지예요.

남: 무척 재미있어 보이는구나.

여: 네, 그림이랑 이야기 그리고 만화가 많이 실려 있어요.

남: 얼마니?

여: 8천원이에요.

남: 좋아. 사주마.

2.

W: Here is the school lunch schedule. On Monday, we have pizza and fruit. On Tuesday, we have chicken and potatoes. On Wednesday, we have chicken soup and rice. And on Thursday, we have curry rice and carrots.

여: 여기 학교 점심 식단표가 있습니다. 월요일에는 피자와 과일입니다. 화요일에는 치킨과 감자입니다. 수요일에는 치킨 수프와 밥을 먹습니다. 그리고 목요일에는 카레라이스와 당근입니다.

3.

M: This store has good school supplies. I will buy a pencil case. It is ten dollars for a pencil case. I need a school bag, too. It is twenty dollars. Pencils are cheap. A pencil costs only one dollar. And I need to buy a ruler. It costs three dollars.

남: 이 가게에는 좋은 학용품들이 많이 있다. 나는 필통을 살 것이다. 필통 하나에 10달러이다. 나는 책가방도 필요하다. 책가방은 20달러이다. 연필은 싸다. 연필 한 자루는 겨우 1달러이다. 그리고 나는 자도 사야 한다. 자는 3달러이다.

필수 어휘 복습하기   p.119

A   1. rice   2. mountain   3. cartoon

B   1. school supplies   2. magazine   3. thousand

A

1. A: Do you want some more <u>rice</u>?
   B: Yes, please.

   A: 밥 좀 더 드실래요?
   B: 네, 그럴게요.

2. A: Where are they now?
   B: They are on the top of the <u>mountain</u>.

   A: 그들은 지금 어디에 있나요?
   B: 그들은 산꼭대기에 있어요.

3. A: What are you reading?
   B: I'm reading a <u>cartoon</u>.

   A: 무엇을 읽고 있니?
   B: 만화를 읽고 있어.

B

1. Students have many kinds of <u>school supplies</u> in their school bags.
2. I like science, so I read a science <u>magazine</u> every month.
3. A <u>thousand</u> people visit this museum each year.

1. 학생들은 책가방에 여러 종류의 학용품들을 갖고 다닌다.
2. 나는 과학을 좋아해서 매달 과학 잡지를 읽는다.
3. 매년 천 명의 사람들이 이 박물관을 방문한다.

단원 평가
pp.120-121

A ④	**B** ④

A

W: This is ABC weekly weather report. Monday will be cloudy. Tuesday will be rainy. It will be cloudy on Wednesday morning, but it will be sunny in the afternoon. Thursday will be rainy again.

여: ABC 주간 일기예보입니다. 월요일은 날이 흐리겠습니다. 화요일에는 비가 오겠습니다. 수요일 아침에는 구름이 잔뜩 끼지만 오후가 되면 맑게 개겠습니다. 목요일에는 다시 비가 올 것입니다.

weekly 주간 / weather report 일기예보 / Monday 월요일 / cloudy 흐린 / Tuesday 화요일 / rainy 비 오는 / Wednesday morning 수요일 아침 / sunny 화창한 / in the afternoon 오후에 / Thursday 목요일 / again 다시

월요일은 흐리고, 화요일은 비가 오고, 수요일 아침은 구름이 끼겠으나 오후에는 날이 갤 것이고, 목요일은 다시 비가 오겠다고 하였으니 듣기 내용과 그림이 일치하지 않는 것은 ④번 그림입니다.

B

W: Many people enjoy this park.
M: Yeah, a man is walking his dog.
W: Oh, look at the fish in the pond.
M: Also, some butterflies are flying over the flowers.
W: Yes. Also I see some birds under the bench.

여: 많은 사람들이 이 공원을 즐겨요.
남: 네, 남자 한 명이 개를 산책시키고 있네요.
여: 어머, 연못에 물고기 좀 보세요.
남: 그리고 나비 몇 마리가 꽃 위를 날고 있네요.
여: 그러네요. 그리고 벤치 아래에 새들도 몇 마리 보여요.

people 사람들 / enjoy 즐기다 / park 공원 / walk his dog 그의 개를 산책시키다 / look at ~을 보다 / fish 물고기들 / pond 연못 / also 또한 / butterflies 나비들 / fly over ~위를 날다 / under ~아래에 / bench 벤치, 긴 의자

한 남자가 개를 산책시키고 있고, 연못에 물고기들이 있고, 나비들이 꽃 위를 날고 있고, 새들이 벤치 아래에 있다고 하였으니 듣기 내용과 일치하지 않는 것은 ④번 그림입니다.

| 1. ③ | 2. ① | 3. ② | 4. ① | 5. ③ | 6. ④ |
| 7. ④ | 8. ④ | 9. ④ | 10. ② | 11. ③ | 12. ④ |

1.

W: What do you like to eat?

M: _________________________ .

  ① It's delicious.

  ② I go to the restaurant.

  ③ I like to eat some sandwiches.

여: 무엇을 먹고 싶니?

남: _________________________ .

  ① 그것은 맛있어.

  ② 나는 식당에 갈 거야.

  ③ 나는 샌드위치가 먹고 싶어.

필수 어휘

delicious 맛있는 / restaurant 식당 / sandwich 샌드위치

해설

'무엇을 먹고 싶은지'를 묻는 what 의문사 질문이므로 '나는 샌드위치가 먹고 싶어.' 라는 ③번이 정답입니다.

2.

M: Are you tired?

W: _________________________ .

  ① Yes, just a little

  ② No thanks. I am not hungry.

  ③ Please don't say like that.

남: 피곤하세요?

여: _________________________ .

  ① 네, 약간요.

  ② 아뇨, 괜찮습니다. 배고프지 않아요.

  ③ 그런 말씀 마세요.

필수 어휘

tired 피곤한 / just a little 약간 /
No, thanks. 아뇨, 괜찮습니다. / hungry 배고픈 /
please ~해주세요 / Don't ~. 하지 마세요. / say 말하다 /
like that 그런

해설

'당신은 피곤한지'를 묻는 be동사 Yes / No 질문이므로 '네, 약간요.' 라는 ①번이 정답입니다.

3.

W: Do you have your cell phone?

M: _________________________ .

  ① I have a computer.

  ② Yes, I have my cell phone.

  ③ No problem.

여: 당신은 휴대전화를 가지고 있나요?

남: _________________________ .

  ① 나는 컴퓨터를 가지고 있습니다.

  ② 네, 휴대전화가 있습니다.

  ③ 문제 없습니다.

필수 어휘

cell phone 휴대전화 / computer 컴퓨터 /
No problem. 문제 없습니다.

해설

'휴대폰을 가지고 있는지'를 묻는 do동사 Yes / No 질문이므로 '네, 휴대 전화가 있습니다' 라는 ②번이 정답입니다.

4.

M: You're smiling. What's up?

W: Yes, I became the president of my class!

M: Wow. That is great!

W: Thank you.

M: I hope you will do your best for your class.

W: I hope so.

남: 너 미소 짓고 있네. 무슨 일 있니?

여: 응, 내가 우리 반 반장이 되었어.

남: 우와. 잘됐다!

여: 고마워.

남: 난 네가 너희 반을 위해 최선을 다하면 좋겠어.

여: 나도 그러고 싶어.

필수 어휘

smiling 웃고 있는 / What's up? 무슨 일 있니? /
became ~이 되었다 /

the president of my class 우리 반 반장 / hope 바라다 /
do your best 너의 최선을 다하다 / class 반 /
I hope so. 나도 그러고 싶어.

남자가 여자에게 요청한 일이 가장 잘 드러난 문장은 'I hope
you will do your best for your class.'이므로 정답은 ①번
'학급을 위해 최선을 다 해달라' 입니다.

5.
W: Are you sleepy?
M: Yes, I am so sleepy.
W: Did you stay up late last night?
M: Yes, I studied late for the test.
W: I understand.
M: Do I look tired?
W: Yes, you'd better sleep enough for your health.
M: Okay, I will go to sleep early.

여: 졸리니?
남: 네, 너무 졸려요.
여: 지난밤 늦게까지 안 잤니?
남: 네, 시험 때문에 늦게까지 안 자고 공부했어요.
여: 이해한다.
남: 제가 피곤해 보이나요?
여: 그래. 너의 건강을 위해 충분히 잠을 자야 해.
남: 알았어요. 일찍 잘게요.

sleepy 졸린 / so 매우 / stay up 깨어 있다 / late 늦게 /
last night 어젯밤 / studied 공부했다 / for ~을 위해 /
test 시험 / understand 이해하다 / look ~해 보이다 /
tired 피곤한 / You'd better ~. 당신은 ~하는 게 좋겠다. /
enough 충분히 / health 건강 / go to sleep 잠자리에 들다 /
early 일찍

여자의 주장이 가장 잘 드러난 문장은 'Yes, you'd better
sleep enough for your health.'이므로 정답은 ③번 '잠을
충분히 자는 것이 건강에 좋다' 입니다.

6.
W: What sports do you like?
M: I like baseball.

W: Why do you like baseball?
M: Well, I can make new friends.
W: Do you often play baseball?
M: Yes, I play baseball with my friends after school.

여: 어떤 스포츠를 좋아하니?
남: 나는 야구를 좋아해.
여: 왜 야구를 좋아하니?
남: 글쎄, 새로운 친구를 사귈 수 있으니까.
여: 자주 야구를 하니?
남: 그래, 방과 후에 친구들과 야구를 해.

sports 운동들 / baseball 야구 / why 왜 / well 글쎄 /
make friends 친구를 사귀다 / new 새로운 / often 자주 /
play baseball 야구를 하다 / after school 방과 후에

대화의 요지란 대화의 중심 내용을 한 문장으로 요약한 것으로
정답은 ④번 '야구는 친구를 사귀기에 좋다.' 입니다.

7.
W:
  ① A woman is cooking in the kitchen.
  ② A boy is playing baseball on the playground.
  ③ A man is wearing blue jeans.
  ④ A boy is swimming in the pool.

여:
  ① 여자가 부엌에서 요리를 하고 있다.
  ② 소년이 운동장에서 야구를 하고 있다.
  ③ 남자가 청바지를 입고 있다.
  ④ 소년이 수영장에서 수영을 하고 있다.

woman 여자 / cooking 요리하는 / kitchen 부엌 /
playing baseball 야구하고 있는 / playground 운동장 /
man 남자 / wearing 입고 있는 / blue jeans 청바지 /
swimming 수영하고 있는 / pool 수영장

①번은 여자가 식당에서 식사를 하는 그림, ②번은 소년이 공을
튕기는 그림, ③번은 할아버지가 외투를 입고 있는 그림이므로
듣기 내용과 일치하지 않습니다. 듣기 내용과 일치하는 것은
④번 소년이 수영장에서 수영을 하고 있는 그림입니다.

8.

M: This is the today's weather forecast. It will be cloudy this morning. It will be sunny this afternoon, and it will be cloudy and windy tonight. There will be rain tomorrow morning, and you'd better take your umbrella with you when you go out.

남: 오늘의 일기예보입니다. 오늘 아침엔 날씨가 흐릴 것입니다. 오늘 오후에는 화창하다가 저녁에는 구름이 끼고 바람이 불 것입니다. 내일 아침에는 비가 올 것이므로 외출할 때는 우산을 챙기는 것이 좋겠습니다.

today's 오늘의 / weather forecast 일기예보 /
cloudy 흐린 / this morning 오늘 아침 / sunny 화창한 /
this afternoon 오늘 오후 / windy 바람 부는 /
tonight 오늘 밤 / There will be ~. ~이 있을 것이다. /
rain 비 / tomorrow morning 내일 아침 /
You'd better ~. 당신은 ~하는 게 좋겠다. / take 가져가다 /
umbrella 우산 / go out 외출하다

오늘 아침은 흐리고, 오늘 오후는 화창하고, 오늘밤에는 흐리고 바람이 불고, 내일 아침에는 비가 오겠다고 하였으니 듣기 내용과 그림이 일치하지 않는 것은 ④번 그림입니다.

9.

W: This week Pizza Palace has a great special. Pepperoni pizza is 30% off with a free drink. This event goes until this Sunday. Don't miss this special sale of pizza.

여: 이번 주 피자 팔라스에서 특별 이벤트가 있습니다. 페페로니 피자를 30% 할인하며 음료수를 무료로 제공합니다. 이 이벤트는 이번 주 일요일까지입니다. 피자 특별 할인 판매 기회를 놓치지 마세요.

this week 이번 주 / special 특별가 / off 할인된 /
with ~와 함께 / free 무료 / drink 음료수 / event 행사 /
until ~까지 / Don't ~. ~하지 마세요. / miss 놓치다 /
sale 할인

자주 언급하고 있는 중심 내용은 special sale 즉, 피자 할인 판매 이벤트이므로 정답은 ④번입니다.

10.

M: Sujin, thank you. I had a great time here.
W: It's my pleasure. Anyway, what time is your flight?
M: At 3 o'clock.
W: When do you have to go to the airport?
M: Right now.
W: Okay. I'll give you a ride to the airport.
M: Thanks a lot.

남: 수진 씨, 고마웠어요. 여기서 잘 지내다 갑니다.
여: 별 말씀을요. 그런데 몇 시 비행기예요?
남: 3시예요.
여: 언제 공항으로 가야 하나요?
남: 지금이요.
여: 좋아요. 내가 공항까지 태워다 줄게요.
남: 정말 고마워요.

had a great time 좋은 시간을 보냈다 / here 여기서 /
It's my pleasure. 별 말씀을요. / anyway 어쨌든 /
what time 몇 시 / flight 비행기 / when 언제 /
have to ~해야 한다 / airport 공항 / right now 지금 /
give a ride 차로 태워주다 / a lot 많이

여자가 대화 직후 할 일이 가장 잘 드러난 문장은 'I'll give you a ride to the airport.'이므로 정답은 ②번 남자를 공항까지 태워다 주기입니다.

11.

M: How far is your house from the school?
W: It's not far. It takes about 10 minutes on foot.
M: How about walking to school together?
W: I'd love to.
M: Walking is good exercise. Let's walk to the school from tomorrow.
W: Sounds great!

남: 너의 집은 학교로부터 얼마나 머니?

여: 멀지 않아. 걸어서 10분 정도 걸려.

남: 함께 걸어서 등교하는 것 어때?

여: 나도 그러고 싶어.

남: 걷는 것은 좋은 운동이야. 내일부터 학교까지 같이 걸어가자.

여: 좋아.

how far 얼마나 먼 / from ~부터 / far 먼 /
take 시간이 ~ 걸리다 / minute 분 / on foot 걸어서 /
How about -ing? ~하는 것은 어때? / together 같이 /
I'd love to. 나도 그러고 싶어. / walking 걷는 것 /
exercise 운동 / Let's ~. ~하자. / walk 걷다 /
Sounds great! 좋아.

남자가 여자에게 걸어서 등교하자고 하는 이유가 가장 잘 드러
난 부분은 'Walking is good exercise.' 이므로 정답은 ③번
'걷는 것은 좋은 운동이 되기 때문에' 입니다.

12.

W: My friends and I are going to the amusement
   park today. I am so excited! We will go on many
   rides and Splash Ride. Also we will ride a roller
   coaster, too! I think today we will have a great
   time there.

여: 나는 오늘 친구들과 놀이공원에 갈 것이다. 나는 너무 신난
   다. 우리는 여러 놀이기구와 스플래시 라이드(*놀이 기구의
   일종으로 물을 가로질러 움직이기 때문에 물이 튄다)를 탈
   것이다. 또한 우리는 롤러코스터도 탈 것이다. 오늘 우리는
   거기서 재미있는 시간을 갖게 될 것 같다.

friends 친구들 / be going 가고 있다 /
amusement park 놀이공원 / excited 신나는 /
rides 탈것들 / also 또한 / roller coaster 롤러코스터 /
have a great time 좋은 시간을 보내다

여자는 '놀이공원에 가서 여러 놀이 기구, 물이 튀기는 미끄럼
틀, 롤러코스터를 탈 것이다' 라고 했으므로 언급하지 않은 내용
은 ④번 '회전목마를 탈 것이다' 입니다.

MEMO

MEMO

MEMO